Bernd Roling
Julia Weitbrecht

Das Einhorn

Geschichte einer Faszination

Hanser

1. Auflage 2023

ISBN 978-3-446-27610-9

Umschlag: Anzinger und Rasp, München
Motiv: © akg-images
Satz: Sandra Hacke, Dachau
Druck und Bindung: Friedrich Pustet, Regensburg
Printed in Germany

FSC
www.fsc.org
MIX
Papier | Fördert
gute Waldnutzung
FSC® C014889

Inhalt

Einleitung

Einhorn – Keinhorn – Scheinhorn

> Professor Raue-Pritsche [...] führte sie an der Koppel vorbei [...] und auf einen Baum am Waldrand zu. An den Baum gebunden war ein großes, schönes Einhorn. Viele Mädchen »uuuhten« bei diesem Anblick. »Oooh, ist es nicht wunderschön?«, flüsterte Lavender Brown. »Wie hat sie es gefangen? Das soll ja so unglaublich schwer sein!« Das Einhorn war so gleißend weiß, dass der Schnee um es herum grau schien. Es stampfte nervös mit seinen goldenen Hufen und warf seinen gehörnten Kopf zurück. »Jungen zurückbleiben!«, bellte Professor Raue-Pritsche und ihr ausgestreckter Arm traf Harry hart an der Brust. »Sie ziehen die Hand einer Frau vor, diese Einhörner.«[1]

Harry Potters viertes Schuljahr in Hogwarts wird vom trimagischen Turnier dominiert, aber für zusätzliche Aufregung sorgen die zunehmenden Differenzen zwischen den pubertierenden Jungen und Mädchen – und die wechselseitige Anziehung, die aus ihnen erwächst, wenn es darum geht, wer nun wen zum Weihnachtsball einlädt. Zum Streitfall in dieser explosiven Phase wird ausgerechnet das Fach »Pflege magischer Geschöpfe«. Es wird zunächst vom ungeschlachten Halbriesen Hagrid unterrichtet, der alle Monster und gefährlichen Kreaturen liebt, besonders Drachen, aber auch die Knallrümpfigen Kröter, die die Schülerinnen und Schüler als Schulprojekt großziehen sollen. Hagrid wird schließlich zum Opfer eines Sensationsartikels, in dem ihm vorgeworfen wird, die Kinder durch den Kontakt mit diesen »grauenhaften Kreaturen« zu gefährden. Dies wird, charakteristisch für die zunehmend bedrohliche Atmosphäre in der Welt der Zauberer, mit rassistischen Anfeindungen aufgrund seiner riesischen Abstammung verbunden. Hagrid wird daher durch Professor Raue-Pritsche abgelöst, die besonders bei den Mädchen in der Klasse Gefallen findet. »Genau so hab ich mir die Pflege magischer Geschöpfe immer vorgestellt [...] richtige Tiere wie dieses Einhorn, keine Monster [...]«, sagt Parvati Patil im Anschluss an die Stunde zu Harry.[2]

Man liest mit einigem Abstand die reizvolle, auch irgendwie altmodische Schulgeschichte mittlerweile vielleicht mit einem anderen Blick auf die Darstellung der Geschlechter. Die Autorin J. K. Rowling sieht sich in den 2020er-Jahren mit massiven Vorwürfen der Transphobie und -feindlichkeit konfrontiert. Sie wird als TERF bezeichnet, also als Feministin, die transgender Frauen nicht als Frauen anerkennt, und hat sich selbst immer wieder vehement zu einer Binarität der Geschlechter bekannt. Kritische Lektüren der Harry-Potter-Reihe haben zahlreiche Hinweise auf transphobes Framing erarbeitet, welche die Vorwürfe gegen Rowling stützen sollen. Ob das dem Gegenstand angemessen ist, kann und soll hier nicht erörtert werden. Man könnte aus literaturwissenschaftlicher Perspektive vielleicht einwenden, dass die magische Zauberwelt Harry Potters eigenen Gesetzen der Fiktionalität gehorcht und daher den gesellschaftlichen Konflikten des Spätkapitalismus enthoben ist. Andererseits lädt Rowling selbst die Welt von Harry Potter im Kampf des Guten gegen das ausgrenzende, totalitäre System Voldemorts durchaus mit Bezügen zur historischen Realität ideologisch auf, worin auch ein besonderer Reiz der Reihe für jugendliche wie erwachsene Leserinnen und Leser liegt. Jede Zeit hat ihre eigenen Aufklärungsdiskurse, und was im Jahr 2000, als der vierte Band der Reihe erschien, noch so emanzipiert erschien wie die kluge und mutige Hermine, wirkt heute in Bezug auf die Darstellung der Geschlechter und ihrer schulischen Sozialisierung vielleicht eher ein bisschen betulich, wie auch die harmlosen Pferdemädchen Lavender und Parvati.

Was hat das nun alles mit den Einhörnern und diesem Buch zu tun?

Sehr viel, denn die Darstellung Rowlings ist alles andere als voraussetzungslos. Die Eigenschaften, die Professor Raue-Pritsche ihre Schülerinnen in Hogwarts lehrt und die auch im Spinoff zur Potter-Serie der *Phantastischen Tierwesen* eine Rolle spielen, gehen auf Vorstellungen zurück, die man sich seit der Antike vom Einhorn gemacht hat und um die es in den folgenden Kapiteln gehen wird.[3] Dazu gehört etwa, dass sein Horn ein wirksames Gegenmittel gegen Gift darstelle, dass Einhornblut Heilkräfte besitze und dass das Tier sehr scheu sei und sich nur von einer Frau einfangen lasse.

Im Aussehen dagegen weist das in Harry Potter beschriebene Tier alle Merkmale eines »modernen« Einhorns auf: ein anmutiges pferdeähnliches Geschöpf mit einem gewundenen Horn auf der Stirn, das allen romantischen Seelen ein spontanes »Ahhh« entlockt. Ältere Menschen verbinden diese Darstellung vielleicht auch noch mit dem Animationsfilm »Das letzte Einhorn« von 1982 nach der Buchvorlage Peter S. Beagles, die 1968 erschien. Das gleißend weiße Tier ähnelt auch den unzähligen gehörnten Wesen, die in den letzten Jahren auf Rucksäcken, T-Shirts, Bettwäsche und Handyhüllen aufgetaucht und in der Masse schier explodiert sind. Diese modernen, hübschen Einhörner sind kommerziell enorm erfolgreich: Für schlappe 249 Euro kann man, wie man bei »Kalkofes Mattscheibe« erfährt, auf AstroTV ein Einhorn Super Set XXL inklusive »Ritualzubehör« und Einhorn-Spray erstehen, mit dessen Hilfe die Einhörner aus dem Reich der Legenden »wieder« zurück in unseren Alltag kommen und diesen »zum Leuchten bringen«.[4]

Kommerz verbindet sich hier mit einem besonderen Heilsversprechen, das auch zahlreiche Formen neuer Religiosität auf das Einhorn projizieren: Veranstalter von »Einhorn-Sommercamps« und »Einhorn-Meditationen«, die das Tier als spirituellen Energielieferanten anzapfen wollen, berufen sich auf die schamanische und in jeder Hinsicht heilende Kraft des Einhorns, ja sie erheben die Begegnung mit ihm zu einem regelrecht kultischen Ereignis. Viele dieser meditativen Entgrenzungen erinnern an klassisches Channeling und an Varianten der Engelmagie, wie sie die Esoterik seit Jahrzehnten begleiten, doch verwundert es doch, dass unser gehörntes Tier für manche Menschen fast im Alleingang imstande ist, die Sehnsucht nach Sinngebung zu stillen. Wer das fast kindliche Leuchten in den Augen einiger der Erwachsenen sieht, die an vergleichbaren Kursen teilnehmen, dem fällt es schwer, sich uneingeschränkt über diese Menschen zu amüsieren. Ihr Glaube an die spirituelle Heilkraft der Tiere zeigt jedenfalls, wie groß der Wunsch nach Sinngebung und Erfüllung ist.

Sich selbst für ein inkarniertes Einhorn zu halten, ist für die Verfasserin von *Auf dem Einhornpfad. Die Reise zu meinem Seelenursprung*, Julia Jannsen, ein aufrichtiges Bekenntnis. Mit gleicher Überzeugung verspricht die Amerikanerin Diane Cooper, man könne aus den »Begegnungen mit den erleuchteten Wesen der siebten Dimension« direkten Nutzen für das eigene Seelenleben ziehen. Die Autorin hat noch in diesem Jahr eine *Magie der Einhörner* folgen lassen, doch liegen seit Jahren schon Dutzende von Lebenshilfen vor, die das Einhorn auf dem Titel führen. Auch Sonja Ariel von Staden, deren Youtube-Kanal zum Zeitpunkt der Abfassung dieses Buchs 51 000 Follower hat, zeugt von der esoterischen Erfolgsgeschichte der spirituellen Einhörner. Sie inspiriert, malt und schreibt mit enormer Intensität und Frequenz seit mehr als zwei Jahrzehnten im Bereich der neuen Religiosität. Das Einhorn findet bei ihr seine Heimat zwischen Sternentoren und Engel-Botschaften. Mit Gesang begleitete Meditationsübungen, die den Kontakt zu den »Einhörnern der Weisheit« in Aussicht stellen, Amulette, Kartensets, Gemälde, T-Shirts, Tassen, Video-Botschaften, die DVD *Einhörner: Vom Mythos zum Begleiter* und der jährliche *Engel- und Einhorn-Kalender* vereinigen sich zu einem Ensemble, das alle medialen Segmente abdeckt. Angemerkt sei auch, dass die Bepreisung dieser Artikel sich in diesem Umfeld zumindest nachvollziehbarer gestaltet als im Fall des Einhorn Super Set XXL. Sonja Ariel von Stadens eigene Monografie zum Thema, die unter dem Titel *Das Einhorn als Beschützer und Begleiter für die Neue Zeit* firmiert, liefert zunächst eine historische Einleitung des Einhorn-Phänomens, in der viele der Erscheinungen, die uns hier interessieren, ebenfalls kurz angesprochen werden, um dann zu den »Einhörnern als Lichtwesen« überzuleiten und ihre persönlichen Begegnungen mit den gehörnten Energieträgern zu schildern. Die angehängten inspirierenden Bilderbotschaften der Einhörner, die im Channeling empfangen wurden, nehmen den Hauptteil des Buches ein. Schon ihre Titel verraten ihre große Nähe zur schon länger populären Bewegung der Engelmagie. »Alorna – Die zärtliche Einhornenergie« steht hier neben »Enclastra – Das Einhorn des Feuers« und »Empror – Mondschein-Meerestanz der Freiheit«, aber auch »Epona – die Hüterin der Pferde und der Natur«.[5] Die entsprechende Göttin wurde von Kelten und Römern, wie etliche lateinische Inschriften und klassische Dichterzitate bezeugen, immerhin schon seit der frühen Antike nachweislich verehrt.

Die über Jahrhunderte postulierte Heilkraft der Einhörner, deren langes Echo uns in diesem Buch beschäftigen soll, hat sich, so entsteht zumindest der Eindruck, im Reich des Überirdischen noch einmal gewaltig vervielfältigen dürfen. Die gehörnten Tiere begleiten die Menschen mit ihrer Weisheit, wie es bei Frau von Staden heißt, damit sich deren »Bewusstsein immer weiter entwickeln« kann. Es handelt sich, so ihre für viele Vertreter der Einhorn-Religion sprechende These, bei ihnen um »freie Seelen, die sich vor langer Zeit entschieden hatten, die Erde mit ihrer Weisheit zu unterstützen«. Die Hilfe, die sich vonseiten dieser »reinen energetischen Frequenz der Einhörner« einstellt, fällt zusammen mit einer Fähigkeit zur Selbstvollendung, die einer Logik des modernen Personal Coaching entspricht. Am Ende steht, wie Frau von Staden in Interviews immer wieder bekräftigt, die Utopie einer Gesellschaft von mündigen, liebesfähigen und im Idealfall vegan lebenden Individuen, die einander ebenso respektvoll und mit Empathie begegnen wie der ganzen Natur.

Gegen die Zumutungen der ökonomisierten und offenkundig als leer empfundenen Außenwelt scheint sich hier ein wohliges Gemeinschaftsgefühl zu artikulieren, das im Glauben an die Realität der Einhörner sein verbindendes Element gefunden hat. Der Religionswissenschaftler Michael Blume hat in diesem Kontext mit William James vielleicht zu Recht von einer »Wunschreligion« gesprochen, die für die Anhänger unmittelbar persönlichkeitssteigernd wirken soll.[6]

Im Geschäft mit dieser Sehnsucht kann die grenzenlose Kommerzialisierung des »Unicornismus« allerdings auch auf die größten Fans des Glitzers völlig erschlagend wirken; daher findet sich unter *einhornkaufen.de* ein »Vergleichsportal« zu allem, »was einen Einhornfan glücklich macht«, das die zahllosen Einhorn-Devotionalien säuberlich nach Kategorien ordnet.

Was Einhornfans glücklich macht, folgt einerseits dem traditionellen Pferdetopos, wie wir ihn auch bei J. K. Rowling finden, und wird mittels inflationärer Verwendung der Farbe Pink häufig noch eindeutiger in die vermeintliche Mädchen-Ecke gerückt. Andererseits geht es aber in der Einhorn-Community immer glitzernder, schillernder und regenbogenfarbener – einfach diverser – zu. Die Pony-Freundinnen in der Animationsserie *My Little Pony Friendship is Magic* (seit 2010) gehören unterschiedlichen Spezies an, sie sind Pegasi, Erdponys und Einhörner, die über verschiedene, magische Begabungen verfügen – und sich in der Regel bestens verstehen. Sie sind alle Mädchen, aber die Ponys haben auch treue männliche Fans, die sich »Bronies« nennen.[7]

Einhorn und Geschlecht ist aber schon deshalb ein zentraler, durchaus auch politischer Aspekt der Geschichte des Einhorns, weil das Tier seit den 1980er-Jahren als Maskottchen der Pride-Bewegung auftritt. Das steht wahrscheinlich in Verbindung mit der Regenbogenflagge, die der Künstler Gilbert Baker für den Gay Freedom Day 1978 in San Francisco entwarf. Die Herleitungen für den Erfolg des Einhorns als Identifikationsfigur der LGBTQ+-Community sind ganz unterschiedlich, aber sie hängen sicherlich mit dem breiten Spektrum an Farben und Formen zusammen, das die diverse Welt der Einhörner ausmacht – und mit dem spielerischen Element, sich auszuprobieren, weil wir es mit einem Wesen zu tun haben, das vertraut ist und dabei rätselhaft. Es ist fester Bestandteil unserer kollektiven Vorstellung und bleibt uns zugleich entzogen.

Diese Ambivalenz prägt das trotzige Kleinkind-Neinhorn aus den Bilderbüchern von Marc-Uwe Kling und Astrid Henn ebenso wie den lustigen, dabei auch melancholischen Dokumentarfilm *Inside London's Hedonistic, Polyamorous Unicorn Movement*, der 2015 auf der Plattform *Vice* veröffentlich wurde.[8] Er porträtierte den charismatischen Shaft, der in England gemeinsam mit feierfreudigen Gleichgesinnten eine utopische Gemeinschaft namens Unicornia gegründet hat. Als Einhörner verkleidet ziehen sie durch das graue London und versprühen Glitzer, Glück und Liebe, lösen mitunter aber auch Irritation über die exaltierten Kostümierungen aus. Eine Existenz als »Glamicorn« verspricht, sich von allen gesellschaftlichen Konventionen in Bezug auf Geschlecht, Sexualität und Lebensentwurf zu befreien und sich als gleiche, in ihrem Freiheitsdrang unbezähmbare Einhörner zu begegnen. Leider misslingt das polyamouröse Projekt Shafts aufgrund von Eifersüchteleien am Ende, aber der kurze Film zeigt uns das ohne Häme. Es wird vielmehr ein Wunsch nach Veränderung, lustvollem Ausleben und Kreativität deutlich, der hier mit dem »Unicornismus« verbunden ist. Auch dieses Phänomen ist nicht neu – so wurde bereits 1454 in Cambrai eine »feste de la Licorne«, ein »Einhorn-Fest«, von Louis von Luxembourg, Herzog von Saint-Pol, mit großem Prunk und Aufwand veranstaltet. Insgesamt achtzig junge Hofmänner sollten hier gegeneinander antreten, doch weil viele der Eingeladenen absagten, fand das Turnier nur in reduzierter Form statt. Auch wenn mitunter unterstellt wird, die Hofleute seien sämtlich als Einhörner verkleidet gewesen, lässt sich das aus den Quellen schwer ermitteln – eine schöne Vorstellung ist es allemal.[9]

Nicht nur der Glaube an die Heilkraft des Einhorns, auch die symbolischen Zuschreibungen von Wandelbarkeit, Freiheit und Unangepasstheit gehen auf bis in die Antike zurückreichende Vorstellungen von einem Mischwesen zurück, das in wechselnden Formen auftritt. Wissenschaft und Religion, Sehnsucht und Sinnsuche, Verwertung und Kapitalisierung: Diese Zusammenhänge haben in Bezug auf das Einhorn eine lange Geschichte, in der es immer auch darum geht, wie der Mensch sich zur Natur positioniert und sich im Tier spiegelt.

Diese Geschichte – mit besonderem Blick auf ihre Anfänge in Antike und Mittelalter – bildet den Gegenstand unseres Buches. Sie nimmt ihren Ausgangspunkt darin, dass man in dieser Zeit davon überzeugt war, dass Einhörner tatsächlich existieren. Schon die antiken Zoografen beschreiben seinen Lebensraum und verzeichnen seine Ernährungs- und Lebensgewohnheiten nach den »wissenschaftlichen« Kriterien der Zeit. Die Existenz gehörnter Wesen am Rande der bekannten Welt stand aufgrund dieser schriftlichen Autorität außer Frage, allerdings wird es im Aussehen ganz anders beschrieben als die niedlichen Einhörner der Gegenwart. Darum geht es in unserem ersten Kapitel.

Die Naturkundigen des Mittelalters greifen auf dieses Wissen zurück und legen das Einhorn als Christussymbol aus. In der christlichen Vorstellung, die wir im zweiten Kapitel behandeln, lässt sich das wilde Mischwesen nur durch eine reine Jungfrau zähmen und wird vor diesem Hintergrund zum scheuen Objekt der Begierde umgedeutet. Dabei spielen aber nicht nur religiöse Symboliken eine Rolle, sondern auch das Motiv der Jagd und die Liebessymbolik, die damit verbunden ist. Das bildet zugleich die Voraussetzung für die Karriere des Einhorns in der höfischen Kultur und Kunst des hohen und späten Mittelalters, um die es im dritten Kapitel geht.

Zum Fabeltier wurde das scheue Wesen mit dem gewundenen Horn auf der Stirn tatsächlich erst im Laufe der Neuzeit erklärt, als man allmählich herausfand, dass die zahlreichen »Einhörner« in den Wunderkammern der Klöster und Fürsten in Wirklichkeit Zähne des Narwals waren. Auch die Universalgelehrten der Frühen Neuzeit griffen auf das althergebrachte enzyklopädische Wissen zurück, unterzogen es aber im Zuge der Ausdifferenzierung der Wissenschaften zunehmend der Kritik und empirischen Überprüfung – dies bildet den Kern des vierten Kapitels. Dieser Prozess führte jedoch nicht, wie man es eigentlich erwarten könnte, zur »Abschaffung« des Einhorns, sondern zunächst zur Übertragung seiner Qualitäten – etwa der Heilkraft des Hornes – auf das *unicornu marinum*, den Narwal. Doch auch die Spuren des »Landeinhorns« finden sich noch bis ins 19. Jahrhundert in naturkundlichen Werken und Reiseberichten.

Es ging also die längste Zeit nicht um die Frage, ob es das Einhorn gibt, sondern darum, wie es aussieht, wo man es findet und wie man es einfängt – Fragen, die sich mit Beginn der Neuzeit nicht erledigt hatten. Zum Abschluss unseres kurzen Rundganges durch die schillernde Welt der Einhörner daher noch ein Beispiel für die moderne Faszination am Einhorn: An der Affäre vom »Scheinhorn« wird deutlich, dass sich mit der naturwissenschaftlichen Abschaffung der Einhörner die Frage nach ihrer Existenz keineswegs geklärt hatte. Von dem Wunsch, dem Einhorn in Raum und Zeit nahe zu kommen, zeugt noch eine recht aktuelle Meldung des Online-Nachrichtenportals *web.de* vom 1. April 2016: »Lebten Menschen mit Einhörnern zusammen?«[10] Die Meldung war kein Aprilscherz, sondern gab tatsächlich aktuelle paläontologische Erkenntnisse wieder: »Urzeitmenschen sind wahrscheinlich noch Einhörnern begegnet. Forscher haben in Kasachstan Überreste eines sibirischen Einhorns gefunden, das noch vor rund 29 000 Jahren gelebt hat.«

Die Existenz von Einhörnern steht offenbar noch im 21. Jahrhundert zur Debatte, wenn auch die beigegebene Illustration mit allen romantisierenden Vorstellungen vom anmutigen Fabelwesen gründlich aufräumt: Eine per Twitter-Meldung der California Academy of Sciences vom 28. März 2016 viral verbreitete Rekonstruktion[11] zeigt, dass es sich bei den sibirischen Einhörnern nicht um großäugige pferdeähnliche Geschöpfe handelte, sondern vielmehr um »bisonartige[.] Urzeittiere mit Horn auf der Stirn«.[12]

Das ist die eine Enttäuschung in Bezug auf die Sensationsmeldung. Die zweite liegt darin, dass in der Begeisterung darüber, Mensch und Einhorn hätten gleichzeitig (und das heißt lediglich: zeitgleich, in derselben erdgeschichtlichen Periode und nicht etwa »zusammen«) gelebt, eine fehlerhafte Datierung des Knochenfundes ungeprüft veröffentlicht wurde. In einer Ausgabe des Magazins der *Süddeutschen Zeitung* vom 20. Juli 2018 wurde unter dem Titel »Das Scheinhorn« nachgezeichnet, dass das in einer ersten Analyse ermittelte und vorschnell publizierte Alter von 28 000 Jahren von dem Paläontologen Andrej Schipanski später korrigiert wurde: »Das gefundene Einhorn sei aber mindestens 50 000 Jahre alt. Einhorn und Mensch könnten sich demnach tatsächlich begegnet sein. Nur: Es lässt sich anhand des Knochens eben nicht bestimmen.«[13] Am Ende ist die Ernüchterung durch die empirischen Wissenschaften groß – und heilsam. Ob die Meldung auch dann viral gegangen wäre, wenn sie »Urzeitmenschen lebten sehr wahrscheinlich zeitgleich mit plumpen sibirischen Antilopen« gelautet hätte?

Wir haben hier nur einige Schlaglichter auf die lange Geschichte der Faszination an den Einhörnern geworfen und im Spektrum von den antiken Naturkunden bis hin zu AstroTV gesehen, dass die Frage, ob es diese Tiere wirklich gibt, immer wieder, bis in unsere Gegenwart hinein, thematisiert wird und die Menschen bewegt.

Unsere Vorstellungen vom Einhorn sind historisch gewachsen und durch Erzählungen geprägt, die bis in die Gegenwart weiterwirken. Aufgrund der dem Wesen seit jeher zugeschriebenen Scheu sind diese Narrative in erheblichem Maße von dem Wunsch bestimmt, es zu finden, zu fangen und zu zähmen – auch wenn es sich nachträglich als »Scheinhorn« erweisen sollte. Die Frage nach der Existenz der Einhörner wird immer dann interessant, wenn wir – ob in Antike, Mittelalter oder in der Gegenwart – betrachten, auf welcher Grundlage sie beantwortet wird

Gustave Moreau, Les licornes (1887), Musée national Gustave Moreau, Paris

und welche Weltbilder und Wunschvorstellungen jeweils damit verbunden sind. Wie auch die moderne Paläontologie suchten die antiken und mittelalterlichen Gelehrten und Künstler sich dem Tier mit den ihnen zur Verfügung stehenden empirischen und hermeneutischen Methoden zu nähern. Dieser Faszinations- und Wissensgeschichte des Einhorns von der Antike bis in die Frühe Neuzeit wollen wir mit unserem Buch nachgehen.

Kapitel 1

Gehörnte Chimären, Wissen und Fantasie: Das Einhorn in der Naturkunde der Antike und ihrem Nachleben

Es ist immer schwer, nach den Anfängen zu suchen. Hatte man vielleicht nur nicht genau genug hingeschaut? Stand am Anfang der Erfolgsgeschichte unserer Einhörner vielleicht schlicht eine Antilope, deren zweites Horn die Jäger nicht wahrgenommen hatten, weil die Sonne das Licht flirren ließ? Folgte dann einfach eine gut erzählte Geschichte auf eine andere? Oder hatten die ersten Gelehrten des Altertums noch etwas gesehen, was wir ihnen heute absprechen wollen? Die antike Zoologie war keine exakte Wissenschaft im heutigen Sinne, aber sie war auch keine bloße Unterhaltungsmaschine, die dem attischen oder italischen Stadtbewohner lediglich Anekdoten aus fernen Ländern darbieten wollte, die er nicht selbst bereisen konnte. Je nach Adressatenkreis konnte die Zoologie der Alten Welt beides sein. Es kam nicht selten vor, dass antike Erzähler ihre Naturkunden mit fantastischen Elementen anreicherten, weil sie ihr Publikum unterhalten wollten. Umgekehrt wurde eine gut erzählte Begebenheit für den Leser oft auch erst dann glaubwürdig, wenn sie mit entsprechendem Material aus der Naturwissenschaft unterfüttert wurde. Zur Geschichte unseres Einhorns gehört, dass sich unser Tier beharrlich auf dem schmalen Grat zwischen Sensationsfreude und Naturempirie bewegte und sich mit großer Freude bald auf die eine, bald auf die andere Seite herabgleiten ließ. Das Einhorn war eine Projektionsfläche für den Traum vom Fremden, Fernen und Exotischen – aber schon in der Antike konnte auch diese Faszination nicht verhindern, dass die Naturwissenschaftler es doch zumindest gelegentlich etwas genauer wissen wollten.

Eine Geschichte aus Indien und ihr Erfolg

Im 5. Jahrhundert vor Christus schrieb der Mediziner Ktesias von Knidos einen kleinen Traktat über Indien, nachdem er vorher schon eine ausführliche Schrift über das persische Großreich zu Pergament gebracht hatte. Im Unterschied zu Persien, mit dem er durch jahrelangen Aufenthalt vor Ort gut vertraut war, hatte Ktesias Indien nie selbst betreten und war auf Informationen angewiesen, die man ihm zugetragen hatte. Indien war ein Weltteil, der für Ktesias alle Züge des Wunderbaren tragen durfte. Viele der Angaben zur indischen Tierwelt fallen dennoch erstaunlich exakt und nachvollziehbar aus; Papageien oder Elefanten zum Beispiel beschreibt der Autor in einer Art, die auch einer modernen Betrachterin einleuchtet. Gleichzeitig tummelten sich in Ktesias' Indien allerdings auch gewaltige Greifen mit blauen Federn und feurigen Augen sowie hundsköpfige Wesen, die sich von Honig ernährten und bis zu zweihundert Jahre alt werden konnten.

Den größten Nachklang in der antiken Literatur fand jedoch ein anderes Tier, oder vielleicht sollte man besser sagen, eine etwas unscharf belichtete Gruppe von Tieren, deren gemeinsames Kennzeichen ein großes Horn auf der Stirn war, während die übrigen Merkmale sich durchaus wandelten. In Indien, so Ktesias, konnte man auf eine erstaunliche Kreatur stoßen, mit dunkelrotem Kopf, blauen Augen und wendiger Körpergestalt, das ein Horn von etwa einer Elle Länge auf der Stirn trug. Die Hörner waren am kopfnahen Ende von weißer Farbe, in der Mitte schwarz und an der Spitze von purpurnem Rot. Sie glänzten jedoch nicht nur in Farben, die bereits an heutige Comic-Einhörner erinnerten, sondern sie besaßen auch magische Qualitäten. Verarbeitet zu Trinkgefäßen schützten sie, wenn man Wasser oder Wein aus ihnen zu sich nahm, vor Epilepsie und Krampfanfällen, aber auch vor jeder Art von Gift. Darüber hinaus besaßen Ktesias' Einhörner Hüftknochen von besonderer Härte und Beschaffenheit, die außen und innen in Zinnoberrot leuchteten. Dementsprechend begehrt waren die Hörner und Knochen der wundersamen Tiere, ihr Fleisch jedoch galt als bitter und völlig ungenießbar. Erlegen ließen sich die Wunderwesen allerdings ohnehin nur unter großen Mühen. Auch wenn sie im Lauf zunächst nur langsam schneller wurden, waren Einhörner in der Lage, enorme Geschwindigkeiten zu erreichen. Die indischen Jäger mussten sich daher einer besonderen Strategie bedienen, um der Tiere habhaft zu werden. Man lauerte ihnen, wie Ktesias weiß, in Tälern auf, wenn die Herden gemeinsam mit ihren Jungtieren grasten, und kreiste sie ein. Da auch Einhörner ihre Fohlen nicht im Stich lassen wollten, nahmen sie den Kampf mit den Jägern auf, statt wie gewohnt die Flucht zu ergreifen. Auch wenn sich die Tiere mit ihren spitzen Hörnern nach Kräften wehrten und viele Jäger ihnen zum Opfer fallen konnten, gelang es unter diesen Umständen in der Regel doch, einige Exemplare zu erlegen.

Ktesias' Indienbericht ist über die Jahrhunderte nicht vollständig weitergetragen worden, sondern wurde nur in Bruchstücken überliefert. Wenig überraschend hatten sich seine Leser meist auf die besonders sensationellen Passagen konzentriert und nur diese abgeschrieben. Der Auszug zum Einhorn, den wir gerade wiedergegeben haben, geht auf einen byzantinischen Gelehrten aus dem 9. Jahrhundert zurück, Photios, den Patriarchen von Konstantinopel. Weitaus prägender für die Geschichte der Einhörner war jedoch ein anderer griechischer Schriftsteller, der eher dem Unterhaltungsgenre angehörte – Claudius Aelianus, der aus dem italischen Praeneste stammte. Seine 17 Bücher über die *Eigenschaften der Tiere* entstanden im 2. Jahrhundert nach Christus. Aelian hatte ein etwas anderes Publikum anvisiert, das noch fantasiebegabter gewesen sein dürfte als die Leser des Ktesias. Aelians Tiergeschichte strotzt vor zoologischem Detailwissen, aber auch vor Greifen, Flugdrachen, Meerjungfrauen und anrührenden Anekdoten von Jünglingen, die durch die Hilfe eines selbstlosen Delfins vor dem Ertrinken gerettet werden. Das ganze Werk war wie geschaffen, um am Abend bei einem Glas Wein im geselligen Kreis, mit Blick auf die Adria, vorgelesen zu werden.

Das Einhorn hat gleich mehrere Auftritte in Aelians Schriften, allerdings beginnt seine Erscheinung zu schillern und sich zu verändern und erhält auch Attribute des gewöhnlichen Nashorns, ohne jedoch völlig in ihm aufzugehen. Bei vielen Lesern Aelians sorgten diese Verunklarungen für einiges an Verwirrung. Dennoch wurde das Werk von allen großen Zoologen der Frühen Neuzeit eifrig benutzt, vor allem in der lateinischen Übersetzung von Pierre Gilles, und entwickelte sich auf diese Weise zur vielleicht wichtigsten Quelle zum Einhorn überhaupt. Neben den anschaulichen Jagdszenen, die wir bereits von Ktesias kennen, erinnert auch Aelian daran, dass die mühsam erbeuteten Hörner Gift wirkungslos machen konnten, wenn man sie zu Trinkpokalen verarbeitete. Diese Sorte Hörner, so Aelian, fand man auf der Stirn von Tieren, die Eseln oder Pferden glichen – und die sich bei Schaukämpfen großer Beliebtheit erfreuten und gemeinsam mit wilden Rindern, Elefanten, Widdern und anderen schwerer bestimmbaren Kreaturen zur Unterhaltung der Massen durch die Manegen der Rajah getrieben wurden.

Aelian kennt jedoch noch ein weiteres Tier mit einem markanten Horn, dem die Einheimischen den Namen *cartazonus* gegeben hatten.[14] Das Wort könnte vom Sanskrit-Wort *khadgadanta* abgeleitet sein, aus dem dann das persische Wort *kargadan* hervorging. Im Altindischen hatte dieser Terminus das gewöhnliche Nashorn bezeichnet. Ins Arabische wanderte der Begriff nur leicht verändert ab und wurde zu ›karkaddan‹. Hier entwickelte der Name allerdings – mitsamt der Kreatur, die er bezeichnen sollte – ein bemerkenswertes Eigenleben, wie wir gleich sehen werden. Aelians »Horntier« ähnelte dem gewöhnlichen Nashorn nur bedingt. Das Tier sollte mindestens so groß wie ein Pferd sein, trug die Mähne eines Pferdes, ein rötliches Fell und war sehr behände. Das Horn, sein markantestes Kennzeichen, wies eine schwarze Farbe auf, war gemasert und ungewöhnlich scharf. Dazu kamen eine schrille Stimme und eine ungewöhnliche Aggressivität, die im Miteinander seiner Artgenossen bei männlichen wie weiblichen Exemplaren eine Fülle von Rangkämpfen zur Folge hatte. Nur zur Paarungszeit stellte sich bei den gehörnten Tieren eine gewisse Friedfertigkeit ein, sonst lebten sie als Einzelgänger. Auch diese »Spezies« der Einhörner gelangte, wie Aelian weiß, in die Manege der lokalen Potentaten, wo sie Zweikämpfe aller Art auszutragen hatten, doch glückte ihr Fang nur bei Jungtieren, weil die ausgewachsenen Exemplare so schnell und wild waren, dass es unmöglich war, ihnen beizukommen.

Neben Aelian hatten den Bericht des Ktesias noch viele andere griechische Autoren in die Hand bekommen. In den meisten Fällen änderten sie nur wenig an seiner Darstellung. Der griechische Geograf Strabon, der um Christi Geburt lebte, zitiert in seiner umfangreichen, 17 Bücher umfassenden *Geographie* immerhin den Indien-Reisenden Megasthenes, der um 300 vor Christus gelebt und tatsächlich den Weg nach Indien gefunden hatte. Megasthenes war imstande gewesen, die Angaben des Ktesias vor Ort zu bestätigen. Zur Fauna Indiens zählten pferdeartige Huftiere, die ein großes Horn auf der Stirn trugen. Andere Autoren, genannt sei nur der Verfasser einer Mirabilien-Sammlung mit Namen Antigonos von Karystos aus dem 3. Jahrhundert vor Christus oder der weitaus berühmtere Flavius Philostratus, dessen *Leben des Apollonius* fast fünfhundert Jahre später entstand, erwähnen den gehörnten Esel des Ktesias, ohne noch weitere Quellen heranzuziehen. Auch der Titelheld der Biografie Philostrats, der große Weise Apollonius, sollte dem einhornigen Esel einst gegenübergestanden haben. Die aus den Hörnern hergestellten Gefäße, die gegen Gift wirksam waren, befanden sich, wie Philostrat noch zusätzlich vermerkt, vor allem im Besitz der Rajah, in deren Händen auch das Jagdprivileg auf die Einhörner lag.

In Byzanz wurde das Tier auch in mittelalterlichen Geografien noch erwähnt. Kosmas Indikopleustes, der im 6. Jahrhundert nach Christus lebte und als Ergebnis seiner ausgreifenden Reisen eine christliche Topografie verfasst hatte, zeigt uns, dass der Indienbericht des Ktesias auch den Weg ins Christentum gefunden hatte. Kosmas liefert seinen Lesern einen ganzen Katalog an exotischen Tieren, die Indien bevölkern sollten; die *India* war dem Geografen hier sicher auch eine Hilfe, um die Lücken seiner Weltbeschreibung zu füllen, denn Indien selbst hatte er wohl ebenso wenig aufgesucht wie die meisten anderen Gelehrten vor ihm. Kosmas beschreibt zunächst das gemeine Nashorn, dessen Attribute uns leicht zu dem uns bekannten Tier führen, es folgen noch Giraffe, Flusspferd und wilde Rinder. Zum Einhorn hatte Kosmas dem Manuskript des Ktesias noch eine besondere Information entnehmen können. Scheinbar war die Jagd auf die Tiere noch aussichtsloser als schon angedeutet. War das Einhorn von den Jägern in die Enge getrieben worden, sprang es auf eine Klippe und stürzte sich in die Tiefe. Mit seinem Horn konnte es sich dann während des Falls, wie es heißt, in eine Position bugsieren, die ihm eine unfallfreie Landung ermöglichte. Wie immer sich Kosmas oder seine Quelle Ktesias eine solche Kapriole in der Luft ausgemalt hatten, auf gewöhnlichem Wege erlegen ließen sich Einhörner anscheinend nicht.

Schon vor Kosmas war ein anderer Autor auf das Tier des Ktesias aufmerksam geworden, und zwar der griechische Kirchenhistoriker Philostorgios, der im 5. nachchristlichen Jahrhundert in Konstantinopel gelebt hatte. Sein Wissen über Einhörner wirkt etwas verschwommen. Es zeigt uns aber auch, wie sich die schwer bestimmbaren Eigenschaften, die Aelian unserem Tier zugeschrieben hatte, neu zusammensetzen und interpretieren ließen. Welche Tiere, so fragt Philostorgios, hatte der ferne Orient, nicht unweit des Paradieses, hervorgebracht? Gewaltige Wale, wie der Kirchenhistoriker ausführt, Elefanten, aber auch Drachen, deren Überreste sogar nach Rom gelangt waren. Dazu existierten Einhörner, die jedoch etwas anders aussahen, als wir jetzt annehmen würden. Ja, auf dem Haupt der monströsen Tiere erhob sich das markante Horn und auch sonst trugen sie antilopenhafte Züge, doch ähnelten sie dazu eher den von Philostorgios zuvor beschriebenen Drachen. Seine Einhörner besaßen einen reptilienhaften Kopf und auch einen Kamm, der eher dem Kopfschmuck eines Drachens glich. Auf einem Gemälde in Konstantinopel wollte Philostorgios eine solche Kreatur sogar selbst gesehen haben. Spätere Kirchenhistoriker, für die der Mann aus Byzanz mit seinem gewaltigen Werk eine Instanz blieb, wiederholten seine Schilderung noch bis ins 14. Jahrhundert, auch die obskuren Abbildungen führten sie dabei an, obwohl keiner sie nach Philostorgios jemals wieder zu Gesicht bekommen hatte.

Noch einmal fünfhundert Jahre weiter schreiten wir in unserer Rezeptionsgeschichte des Ktesias, wenn wir einen Blick auf das Werk eines byzantinischen Dichters werfen, Manuel Philes. In seinem 2000 Verse umfassenden Großgedicht zu den *Eigenschaften der Tiere*, das 102 verschiedene Kreaturen schildert, gebühren ganze 43 Verse dem *monoceros*, etwa halb so viel wie dem Drachen, dem eigentlichen Favoriten des Autors. Philes hatte offensichtlich Aelians Beschreibung des *cartazonus* auf seinem Schreibtisch, als er sein Einhorn schilderte. Es ähnelte dem Nashorn, ohne jedoch mit ihm komplett identisch zu sein. Das Einhorn war gefährlich und es stellte mit seinem Horn, das gewunden, gemasert und scharf war wie ein Messer und dazu von großem Gewicht, eine Bedrohung für alle anderen Lebewesen dar. Sein Schweif glich dem Schwanz eines Ebers, das Fell hatte bei den Jungtieren eine schwarze Farbe, die bei den erwachsenen Tieren ins Gelbliche überging. Auch Philes betont, dass die Einhörner von bemerkenswerter Ungeselligkeit seien und sich von ihren Artgenossen fernhielten, sah man einmal von ihrer Paarungszeit ab.

Die ersten naturwissenschaftlichen Annäherungen

Bevor wir einen Blick in die lateinische Tradition werfen, die über Jahrhunderte keinen ernsthaften Zugang zum natürlichen Habitat der Einhörner hatte, sollten einige Dinge vorausgeschickt werden. Schon in der antiken Zoologie gab es ein ausgeprägtes Bedürfnis nach einer exakten Wissenschaft. Die Naturkunde der Alten Welt war durchaus in der Lage, das gewöhnliche Nashorn als solches zu erkennen. Spätestens mit den julisch-claudischen Kaisern waren die Tiere, die man in den Stadien auf möglichst kreative Weise massakrierte, fester Teil des Unterhaltungsprogramms, das der römischen Stadtelite geboten wurde. Beschreibungen des afrikanischen wie auch des indischen Rhinozeros, die auf solide Kenntnisse schließen lassen, finden wir in der *Naturgeschichte* des Plinius, der uns auch darüber informiert, dass man die Tiere gern gemeinsam mit Elefanten in die Arena trieb, um sie gegeneinander antreten zu lassen. Gemeinhin griffen die Nashörner ihre Gegner an, so Plinius, indem sie ihnen das Horn ins weiche Bauchfell rammten. Martial weiß in seinem Gedicht *De spectaculis* (*Von den Schauspielen*), in dem er die Sensationslust der römischen Plebs aufs Korn nahm, auch von zweihornigen Rhinozerossen zu berichten, die im Zirkus auf wilde Bären gehetzt wurden. Hier dürfte es sich um die afrikanischen Breitmaulnashörner gehandelt haben, die im Übrigen, wenn man Martial Glauben schenken kann, ihre Gegner auf die gleiche Weise entleibten wie ihre Verwandten, die Elefanten. Auch die schon genannten Verfasser Strabon, Philostrat und Aelian waren sich über die Erscheinung und das gewöhnliche Verhalten von Nashörnern weitestgehend im Klaren und auch einig gewesen.

Dem großen Naturgelehrten Plinius, dessen monumentale Enzyklopädie (neben der Arbeit von Aristoteles) für Jahrhunderte die Grundlage für jede Form der Zoologie gebildet hatte, kann also nicht vorschnell der Vorwurf gemacht werden, er habe die Einhörner angesichts der vielen früheren unklaren Schilderungen einfach mit den Nashörnern verwechselt. Das Einhorn, das *monoceros*, gehörte, so Plinius, neben den weißen Affen zu den beliebtesten Jagdtieren der Inder. Es glich in seiner Statur einem Pferd, sein Haupt jedoch ähnelte eher einem Hirsch, dazu besaß das Tier einen Wildschweinschweif und Elefantenfüße sowie eine laute Stimme. Sein Horn war zwei Ellen lang und schwarz. Natürlich ließ sich auch Plinius' Version der Kreatur nicht lebend fangen. Auch für diesen Bericht, so drängt sich rasch der Eindruck auf, hat wohl der Bericht des Ktesias Pate gestanden. *Gesehen* hatte Plinius das Einhorn nicht, geschweige denn, dass ein solches im Stadion wie so viele antike Wildtiere zu Tode geschleift worden wäre. Die Autorität des antiken Universalgelehrten war in jedem Fall groß; seine Angaben konnten von vielen späteren Naturkundlern, darunter dem im 4. Jahrhundert lebenden Solinus, der eine Kurzfassung der *Naturgeschichte* des Römers zusammengestellt hatte, aber auch mittelalterlichen lateinischen Zoologen wie Albertus Magnus wiederholt werden. Auch ein Naturgelehrter, der nicht der Sphäre des Christentums angehörte wie der große jüdische Enzyklopädist Gershon ben Solomon aus Arles hatte keine Bedenken, die Einhorn-Passage aus Plinius in seiner *Sha'ar ha-shamayim*, dem *Tor der Himmel*, zu wiederholen.

All diese Beispiele zeigen, dass die ausbleibende Konfrontation mit echten Einhörnern, also die Abwesenheit von Empirie, dafür sorgen konnte, dass ein Erzähler sich die Freiheit nahm, das obskur-sympathische Huftier mit neuen Eigenschaften aufzurüsten und seiner Spekulationsfreude nachzugeben. Wir werden in den nächsten beiden Kapiteln der langen Geschichte des Einhorns in der mittelalterlichen Literatur und Ikonografie nachgehen. Schon hier aber sollte auf einen Text verwiesen werden, dem wir später noch öfter begegnen werden. Im 2. nachchristlichen Jahrhundert ist eine christliche Naturkunde entstanden, die unter dem Titel *Physiologus* je nach Fassung dreißig bis fünfzig kurze Beschreibungen von Tieren versammelte. Der unbekannte Autor versieht jedes Tier nicht nur mit einem Basis-Set von Eigenschaften, er fügt auch noch eine Deutung hinzu, die einen Bezug zur christlichen Theologie herstellen sollte. Dem *Physiologus* war auch das Einhorn geläufig, und auch hier wird es als ziegengroß und schwer zu fangen beschrieben. Doch der *Physiologus* fügte den bereits bekannten Attributen noch ein folgenreiches Detail hinzu, nämlich, dass nur eine Jungfrau imstande sei, das Tier zu zähmen. Diese Episode ist in den folgenden Jahrhunderten auf die unterschiedlichsten Arten symbolisch ausgelegt und in Literatur verwandelt worden – wie das genau vonstattenging, werden wir in den nächsten Kapiteln sehen. Wichtig ist schon hier für uns vor allem, dass auch diese so eigenwillig erscheinende Anekdote in vielen mittelalterlichen Naturkunden übernommen wurde, als Teil eines nicht zwangsläufig christlichen Wissensbestandes. Der *Physiologus* war in fast jede große Sprache übertragen worden, es existieren bald nicht nur lateinische, sondern auch arabische, syrische und koptische Fassungen.

Wer im lateinischen Mittelalter nach Handbuchwissen suchte, schlug in der Regel ein Werk auf, das der »letzte Kirchenvater«, wie man ihn gern nannte, geschrieben hatte, Isidor von Sevilla. In seinen *Etymologien* hatte der Spanier im 7. Jahrhundert in mehr oder minder logisch gegliederten 22 Büchern alles Wissenswerte versammelt, ob nun zu Architektur, Geografie oder zu Flora und Fauna. Suchte man hier nach dem *unicornis* oder *monoceros*, dem Einhorn, so erfuhr man, dass Einhörner wilde und gefährliche Tiere waren und mit ihren Hörnern selbst einen Elefanten niederringen konnten. Brachte man der tobenden Kreatur aber eine *virgo*, eine Jungfrau, legte es alle Wildheit ab und bettete sich schlafend in den Schoß des Mädchens. Mehr musste man über das Einhorn anscheinend nicht wissen. Die lateinischen Leser Isidors wiederholen dessen Angaben im Regelfall, ohne allzu viel an naturkundlichen Details hinzuzufügen. Schwerer noch als Plinius musste es ihnen fallen, das Rhinozeros vom eigentlichen Einhorn zu trennen, denn kaum jemand in Mitteleuropa hatte jemals ein Nashorn zu Gesicht bekommen. Als Hrabanus Maurus, einer der großen Gelehrten der Karolingerzeit, im 9. Jahrhundert seine mit *De universo* überschriebene Enzyklopädie zu Pergament bringt, nennt er Einhorn und Nashorn in einem Atemzug, ohne überhaupt noch von zwei voneinander getrennten Spezies auszugehen. Auch hier kämpfte das Tier mit Elefanten, schleuderte die Dickhäuter durch einen Stich in den Unterleib zu Boden, aber ließ sich durch jungfräuliche Hilfe in einen handzahmen Freund verwandeln. Rhabanus dürfte sich dabei wohl kaum vor seinem inneren Auge ausgemalt haben, wie ein zentnerschweres Nashorn mit elegantem Sprung im Schoß eines Mädchens landen sollte, um sich zärtlich an seine neue Gefährtin anzuschmiegen; der in Fulda schreibende Mönch wusste schlicht nicht, wie ein Rhinozeros aussah. Als Kreatur, die durch weibliche Unterstützung zu einem freundlichen Wesen wurde, war dieses Einhorn, wie Rhabanus noch hinzufügt, ein ideales Symbol für den heiligen Paulus, der sich ebenfalls vom Christenverfolger zum leidenschaftlichen Unterstützer der neuen Religion gewandelt hatte. Ein Zeitgenosse Isidors auf der anderen Seite der mediterranen Welt war der Bibelkommentator Eustathius von Antiochien. Auch Eustathius nennt in seinem *Hexaemeron*, dem *Sechstagewerk*, in dem er die Schöpfungsgeschichte erzählt, einige Tiere, mit denen Gott den Garten Eden ausgerüstet hatte, den Hasen, den Geier oder den Biber. Auch das Einhorn durfte im Paradies nicht fehlen. Erwähnt wird dabei allerdings nur, was schon der *Physiologus* über das Tier zu sagen hatte.

Ein halbes Jahrtausend später war die Episode mit der Jungfrau so sprichwörtlich geworden, dass sie sich problemlos aus dem Zusammenhang der Naturkunde reißen ließ. Als der große Kirchenreformer Petrus Damiani im 11. Jahrhundert einen Brief an den Papst Alexander II. schrieb, wollte er ihn zur Vorsicht und zur Zurückhaltung im Umgang mit seinen Gegnern ermahnen und suchte nach einem griffigen Vergleich. Wie wur-

York Bestiary (13. Jh.), Oxford, St. Johns College

den Jäger eines Einhorns habhaft? Nicht, indem sie dem Tier mit Gewalt nachstellten, so Petrus, sondern nur durch die Unterstützung durch besagte Jungfrau. Dies zumindest konnte man in den Büchern der *rimatores naturarum,* der Naturkundigen, lesen, auch wenn vielleicht nicht jeder Jäger, wie der Kirchenlehrer noch hinzufügt, dieser Expertise beipflichten konnte. Klang hier schon ein leichter Zweifel durch oder gar Ironie? Der gleiche Petrus Damiani konnte immerhin auch in einem anderen Brief mit Wissen aus den zeitgenössischen Bestiarien protzen. Gegenüber dem Abt von Monte Cassino entfaltet der Kirchenreformer eine umständlich montierte Exegese, in der er das Personal einer Klostergemeinschaft mit den Tieren der Arche Noah vergleicht, die Gott vor der Sintflut gerettet hatte und die wie die Mitbrüder als Lebewesen alle miteinander über besondere Tugenden und Fähigkeiten verfügen. Neben dem Löwen, dem Biber, dem Igel, dem Fuchs und einer ganzen Reihe von anderen Kreaturen, zu der auch der Phönix, der Drache und diverse Insekten und Reptilien zu zählen sind, ist für Damiani hier natürlich auch das Einhorn zu nennen. Die Eigenschaften dieses Tiers scheinen allerdings so bekannt zu sein, dass sie, von der geläufigen *virgo* einmal abgesehen, für Damiani keiner weiteren Erwähnung mehr bedürfen.[15] Als Albertus Magnus auf das Einhorn eingeht, fühlt er sich zwar verpflichtet, die *virgo* zu erwähnen, er fügt der Angabe aber ein vielsagendes *dicunt* hinzu, ›sie sagen‹, was bei dem Großgelehrten aus Köln die Glaubwürdigkeit des Details bereits erheblich infrage stellen musste.[16]

Vielleicht lag es auch deshalb nahe, dass man die Jagdstrategie, die das Mädchen ins Zentrum gestellt hatte, um weitere Elemente ergänzte, um sie etwas glaubwürdiger zu machen, oder vielleicht auch nur, um ihre Anschaulichkeit zu erhöhen. Eine neue Lesart der Jungfrauen-Episode schenkt uns der Byzantiner Johannes Tzetzes, der in der Mitte des 12. Jahrhunderts seine eigenen Briefe in eleganten Versen kommentierte. Das Ergebnis dieses etwas eitlen Unterfangens, die sogenannten *Chiliaden*, war nicht nur eine vollkommen ausufernde enzyklopädische Glosse, sondern auch ein Reservoir an Wissen, denn die Mehrzahl der Werke, die Tzetzes in den Bibliotheken von Konstantinopel zu diesem Zweck heranzog, sollten im Vierten Kreuzzug dank westeuropäischer Initiative in Flammen aufgehen. Das Einhorn begegnet uns bei Tzetzes direkt nach dem Phönix und vor den Harpyien. Wie fängt man ein Einhorn? Zum Ende war es, wie Tzetzes glaubt, nicht das Mädchen und sein Liebreiz, der das Tier gefügig machte, sondern dessen Geruch. Dieser Effekt ließ sich freilich noch verstärken und es war nicht notwendig, bei der Jagd zarte Frauen in Gefahr zu bringen. Ein junger Mann konnte sich Frauenkleider überwerfen und salben und einparfümieren lassen. Das Einhorn nahm die Witterung der duftenden Mädchenkleidung auf, legte sich, wie schon der *Physiologus* vorgegeben hatte, in seinen Schoß, ließ sich von den Ärmeln des Kleides bedecken und schlief friedlich ein. Auch die Jäger gingen bei Tzetzes etwas anders vor. Sie töteten das Tier nicht, sondern sägten ihm lediglich das kostbare, für medizinische Zwecke so einträgliche Horn ab und ließen das Tier im Anschluss wieder frei. Als im Jahre 1564 die erste Ausgabe des Plinius in deutscher Sprache erschien, die ein größeres Publikum anvisierte, fühlten sich die Herausgeber verpflichtet, ihren Lesern auch diese Erkenntnisse nicht vorzuenthalten.

Mehr noch, um hier unserem Kapitel 4 vorzugreifen, selbst als der tschechische Aristokrat Christoph Wilhelm Harant im Jahre 1608 seinen berühmten Reiseratgeber für das Heilige Land schreibt, den *Christlichen Ulysses*, meint er noch die Empfehlungen des Tzetzes an die gutwilligen Explorateure des Orients weitergeben zu müssen: »Die Jäger schmücken einen hübschen jungen Gesellen mit Jungfrauen-Kleidern, schmieren seinen Leib mit wolriechenden Sachen und stellen ihn dorthin, wo sie gemeinglich sich pflegen aufzuhalten, sie selbst aber verkriechen sich und geben Achtung darauf. Wenn nun das Einhorn von Ferne den lieblichen Geruch riechet und Weibskleider ersihet, gehet es gerade auf den jungen Gesellen zu, leget seinen

Kopf auf seine Füß und ergetztet sich mit dem Geruch, bis es darüber einschläfft.«[17] Man konnte nie wissen, so das abschließende Fazit Harants, ob man nicht doch auf ein Einhorn traf, denn an ihrer Existenz gebe es keinen Zweifel. Wer die einschlägige Literatur studiert hatte, war also gewappnet.

Der arabische Blick auf das Einhorn

Viele der Quellen, die der lateinische Westen ebenso wie der griechische Osten bis zum Beginn der Neuzeit begleitet hatten, waren in der einen oder anderen Variante auch in den arabisch-persischen Sprachraum gelangt. Gleichzeitig waren die arabischen Gelehrten ungleich näher an Indien, der natürlichen Heimat der Einhörner, gewesen als ihre westlichen Zeitgenossen. Im 11. Jahrhundert verfasste der wohl größte in arabischer Sprache schreibende Gelehrte des Orients, der Choresmier Al-Biruni, seinen *Kitab ta'rikh al-Hind*, das *Buch über Indien*. Dieser Geniestreich enthielt nicht nur die erste wirkliche Zusammenschau vieler Systeme der indischen Philosophie, sondern auch eine eigene umfangreiche Landesbeschreibung, die auch die Tierwelt Indiens würdigte. Al-Biruni schien bei der Beschreibung von Nashörnern und anderen gehörnten Tieren ähnliche Schwierigkeiten gehabt zu haben wie lange vor ihm schon Aelian. Das gemeine Nashorn, so Al-Biruni, war von den Einheimischen offensichtlich mit dem Namen *gaṇḍa* bezeichnet worden. Al-Biruni hatte das Tier selbst beobachtet, ja sogar gesehen, wie ein Nashorn sein Horn in den Vorderfuß eines Elefanten gerammt und ihn damit zu Boden geworfen hatte. Die von den antiken Autoren geschilderte Kraft der Tiere entsprach offensichtlich der Realität. Die Einheimischen teilen dem Reisenden jedoch mit, dass darüber hinaus noch ein anderes »Horntier«

existierte, der *karkaddan*, in dem sich leicht das *cartazonus* genannte Wesen Aelians wiedererkennen lässt. Auch dieses Tier schmückte ein Horn, doch lang und gerade, innen von schwarzer Farbe, außen weiß. Die Einhörner wetzten dieses Horn an Felsen, um ihm die Schärfe zu verleihen, die für den Kampf nötig war. Bei dieser Kreatur handelte es sich, wie Al-Biruni in Erfahrung bringt, um ein Huftier, das den langen Schweif eines Esels besaß. Über den medizinischen Nutzen der Hörner verrät uns Al-Biruni im Unterschied zu Ktesias und Aelian nichts, doch verwendete man die imposanten Auswüchse der Tiere seiner Kenntnis nach offenbar, um daraus Messergriffe anzufertigen.

Wer fragt, wie es nach Al-Biruni mit den Einhörnern im arabisch-persischen Raum weiterging, tut noch immer gut daran, einen Autor aus dem 17. Jahrhundert zu konsultieren, der heute kaum noch bekannt ist, Samuel Bochart. Der französische Hugenotte stand im Sold der schwedischen Königin Christina, die es später recht eilig haben sollte, ihren lutherischen Glauben hinter sich zu lassen. Für Christina schrieb Bochart im Jahre 1663 das zweibändige *Hierozoikon*, das alle Tiere, die in der Heiligen Schrift erwähnt wurden, bestimmen und historisch einordnen wollte. Dass auch das Einhorn in der Bibel erwähnt worden sein könnte, werden wir im nächsten Kapitel noch im Detail verfolgen können. Die Kreatur hatte im Alten Testament den Namen *re'em* getragen. Bochart glaubte, in seinem Monumentalwerk mit enormer Gelehrsamkeit nachweisen zu können, dass in der Schrift von Anfang an von Oryxantilopen die Rede gewesen war. Wie überzeugend auch immer diese Schlussfolgerung sein mag, Bochart gibt sie die Gelegenheit, eine Fülle von Material zu versammeln, das er einer mittelalterlichen arabischen Fachliteratur entnommen hatte, die erst im 20. Jahrhundert wirklich bekannt wurde. Die beiden wichtigsten Zeugen für das Einhorn waren Autoren, die sich ähnlich wie Aelian irgendwo zwischen wissenschaftlicher Zoologie und Unterhaltungsliteratur bewegten; beide Schriftsteller hatten Al-Biruni zur Kenntnis genommen, waren aber auch selbst von umfassender Belesenheit gewesen.

Im 13. Jahrhundert schreibt der aus Persien stammende Abu Yahya Zakariya ibn Muhammed Al-Qazwini seine Kosmografie, die den Titel *Wunder der Schöpfung* trägt und entsprechend viele fantastische Begebenheiten aus fernen Ländern berichten will. Ende des 14. Jahrhunderts entsteht der *Kitab Hayat al-Hayawan* des Muhammed ibn Musa Al-Damiri, der in Kairo geboren war. Al-Damiri hatte ein Wörterbuch der Zoologie verfasst, das zwar alphabetisch und naturkundlich angelegt war, doch unter den Rubriken trotzdem so viel an anekdotischem Material und Erzählgut wie möglich versammeln wollte und dabei auch auf seinen Vorgänger Al-Qazwini zurückgriff. Zwei Tiere sind für uns hier von Interesse, der *karkand* und der *harish*, deren Bedeutung jedoch in den arabischen Naturkunden gerne miteinander vertauscht wurden. Der uns schon geläufige *karkand* erscheint bei Al-Qazwini, wenn man Bochart folgt, als ein Tier, das in seinem Äußeren mit dem Rind verwandt war. Es konnte ein Alter von siebzig Jahren erreichen, zeichnete sich durch die bekannte Aggressivität aus und hatte keine Angst, auch Kämpfe mit Elefanten auszufechten. In seinem Überschwang rammte das Einhorn seine Waffe gerne in den Unterleib des Dickhäuters, wurde dann aber, wie Al-Qazwini berichtet, oft vom Gewicht des zusammenbrechenden Elefanten erschlagen. Diese Angaben passen, wie sich kaum leugnen lässt, gut auf das Nashorn, wie es auch Plinius beschrieben hatte. Auch frühere arabische Geografen wie Al-Idrisi hatten das Tier ähnlich geschildert; ein ähnlich gelagerter Bericht über ein einhorniges Tier fand sich darüber hinaus noch beim arabischen Russland-Reisenden Ahmad Ibn Fadlan, der schon im 10. Jahrhundert auf die Größe des

Tiers hingewiesen hatte. Al-Damiri präsentiert uns das »Horntier«, den *karkand*, als einen Hybrid aus Pferd und Elefant, dessen Horn von solcher Länge war, dass die Tiere bisweilen kaum in der Lage waren, den Kopf anzuheben. Für jeden dieser hornigen Auswüchse wurden oft mehr als 4000 Schekel berechnet.

Das Wesen, das häufiger unter dem Namen *harish* in Erscheinung trat, schien eine grazilere Gestalt zu besitzen und ließ sich eher dem gehörnten Esel an die Seite stellen, wie ihn Aelian beschrieben hatte. Sein Horn unterschied sich, wie Al-Qazwini notiert, wenig vom Horn der zuvor geschilderten Kreatur, doch war diese Variante des Einhorns so agil, dass ihm kein Jäger folgen konnte. Seine Heimat waren die Täler von Sijistan in Afghanistan. Al-Damiri referiert die Angaben Al-Qazwinis und auch noch eines anderen arabischen Zoologen, des Universalgelehrten Abu Hayyan Al-Tawhidi aus Bagdad, der schon im 10. Jahrhundert gelebt hatte. Auch Al-Tawhidis Traktat *Al-Imta wa-al-Mu'anasa*, das *Buch der Freude und der Gastfreundschaft*, hatte eine große Tierkunde enthalten, die ebenfalls überwiegend auf Unterhaltung ausgerichtet war. Al-Damiri weiß darüber hinaus, dass das Einhorn nur wenig größer als eine Ziege war. Wie waren die Berichte des Ktesias und Aelians, auf die zum Ende ja auch dieses Detailwissen zurückgeführt werden konnte, in den arabisch-persischen Raum gelangt? Heute glaubt man, dass dafür vor allem ein byzantinischer Schriftsteller aus dem 6. Jahrhundert verantwortlich war, Timotheos von Gaza, der ein ganzes Buch über die Tierwelt Indiens geschrieben hatte. Sein Werk ist uns im Wesentlichen nur über sein arabisches Echo greifbar. In Indien war besagter Timotheos dabei sicher ebenso wenig gewesen wie seine Vorgänger, geschweige denn, dass er jemals ein Einhorn gesehen hatte. Al-Damiri allerdings ergänzt die Angaben zur Bejagbarkeit der Einhörner um ein Detail, das er nicht bei den genannten arabischen Gewährleuten gefunden

Al-Qazwini-Manuskript, Irak (frühes 15. Jh.), der *harish* (oben) gemeinsam mit einem Wild-Eber (unten)

hatte, sondern im arabischen *Physiologus*. Dass er den stark christlich konnotierten Ausführungen eine andere Gestalt geben musste, verwundert nicht. Wie konnte man das Einhorn, das auf den Namen *harish* hörte, in die Falle locken? Man brachte eine Jungfrau oder auch nur ein Mädchen, so Al-Damiri, in seine Nähe; das Einhorn sprang in dessen Schoß und wollte, ob die Brüste des Mädchens nun Milch gaben oder nicht, von ihm gesäugt werden. Nach kurzer Zeit, berichtet unser Zoologe, würde das Tier dann, als wäre es von zu viel Wein betrunken geworden, zu Boden fallen und könne von den Jägern gefesselt werden. Dass hier die im ganzen Mittelalter weitergetragene Einhorn-Legende zum Besten gegeben worden war, war auch Samuel Bochart schon aufgefallen. In der Textvorlage Bocharts fügt Al-Damiri sogar noch Nutzanwendungen des Tiers hinzu, die der Franzose nicht mehr in sein *Hierozoikon* aufgenommen hatte. Das Blut der Einhörner bildete ein gutes Heilmittel gegen Halsschmerzen, die geriebenen Knochen des Tiers halfen, blutende Wunden zu stillen.

Kapitel 2

Ein unbezähmbares, reines Geschöpf: Das Einhorn als religiöses Symbol

Das Einhorn in der Bibel und: Wie die Einhörner die Sintflut überlebten

Das christliche Mittelalter bezieht sein Wissen über die Welt maßgeblich aus den antiken Quellen, die wir im letzten Kapitel kennengelernt haben. Insbesondere im Bereich der Naturkunde wurden diese kopiert, ergänzt und in umfangreichen Sammlungen zusammengestellt. Da diese Naturkunden die Existenz des Einhorns belegten, übernahmen mittelalterliche Enzyklopädiker wie Isidor von Sevilla, Thomas von Cantimpré oder Albertus Magnus die Beschreibungen, die sie bei Ktesias, Plinius und anderen vorfanden, und machten sich dieses Wissen zu eigen, ohne dieses, wie man am Beispiel von Rhabanus Maurus sieht, mit einer konkreten Vorstellung von dem Tier zu verbinden. In diesem Aneignungsprozess werden insbesondere die Vorstellung von der Wildheit des Einhorns und die damit verbundenen Schwierigkeiten, es zu fangen, im Laufe des Mittelalters zunehmend von religiösen Vorstellungen überformt, die unsere Vorstellung von den Einhörnern noch lange prägen sollten.

Die Anfänge dieser Vorstellungen liegen im biblischen Schöpfungsmythos. Im christlichen Mittelalter wurden die Tiere als Teil der Schöpfung aufgefasst, denn nach der Genesis schuf Gott am Anfang der Welt alle Lebewesen; man ging somit davon aus, dass diejenigen Spezies, die die Enzyklopädien bevölkern, auch Teil der Heilsgeschichte sind: Neben Wolf, Lamm

Koberger Bibel (1483), Exemplar der Forschungsbibliothek Gotha

und Löwe bewohnt daher auch das Einhorn das Paradies, wie man in zahlreichen Abbildungen sieht.

Die Existenz der Einhörner setzt natürlich auch voraus, dass sie die Sintflut überlebt haben und gemeinsam mit allen anderen Tieren von Noah gerettet wurden. Aus diesem Grund sind die Tiere bis in die Neuzeit auch in Darstellungen der Arche Noah präsent. In der Illustration aus einer Bilderbibel von Tobias Stimmer, die 1578 in Basel gedruckt wurde, wird der Einzug der Tiere auf die Arche gezeigt. Dabei fällt insbesondere die dramatische Bewegtheit der Darstellung auf. Der Himmel ist erfüllt von Vögeln, Noah und seine Söhne koordinieren den geordneten Aufmarsch der Tiere auf die rettende Arche. Während die Menschen links oben ganz klein im Bildhintergrund zu sehen sind, wo Noah sich vom Schiff aus zurück mahnend an die verstockten Menschen wendet, ist die Darstellung im Vordergrund auf die Tiere konzentriert, von denen es nur so wimmelt. Prominent im Bildvordergrund rechts unten sieht man ein Paar Einhörner, die weniger diszipliniert erscheinen als etwa die Löwen, die sich vorne rechts brav einreihen. Das Einhorn im Hintergrund hat sein Horn zum Boden gerichtet und taucht es in ein Gewässer. Das Horn des zweiten Tieres weist nach oben in Richtung Himmel. Der Künstler nimmt hier Bezug auf die Symboliken der christlichen Naturkunden, um die es in diesem Kapitel gehen soll. Wir kommen am Ende noch einmal darauf zurück, halten aber schon einmal fest: Noch im 16. Jahrhundert wurden die Einhörner als existent und Teil der Schöpfung angesehen.

In der Populärkultur wird in Zusammenhang mit der Frage,

Tobias Stimmer: Arche Noah (1576)

CREATIONISTS NOW AGREE WITH THE SCIENTIFIC THEORY THAT THE DINOSAURS WERE PROBABLY WIPED OUT BY THE IMPACT OF A LARGE ASTEROID.

Chris Madden, Dinosaurier

ob Einhörner existieren oder ob sie existiert haben, erstaunlich häufig auf die Rolle der Tiere in der Heilsgeschichte Bezug genommen. Das steht möglicherweise mit einem sehr verbreiteten Cartoontyp in Verbindung, der sich mit Gründen für das Aussterben der Dinosaurier befasst.

In Zusammenhang mit den Einhörnern aber fällt die Kontinuität dieses heilsgeschichtlichen Bezuges besonders auf, sei es, dass darüber räsoniert wird, warum die Einhörner es nicht mehr rechtzeitig auf die Arche geschafft haben (»Crap, was that today?«), sei es, dass das Aussterben der Einhörner mit dem Sündenfall kurzgeschlossen wird, wie in einer Episode der *Simpsons*, die »Biblical Stories« nacherzählt. Homer ist hier alleine im Paradies zurückgeblieben und befiehlt dem Einhorn Gary, für die aufgrund des Sündenfalls verstoßene Marge einen Fluchttunnel zu graben, der sie zurück ins Paradies bringen soll. Gary überlebt diese Strapaze nicht – damit sind die Einhörner ausgestorben.[18]

Ein weiterer bedeutsamer Grund, warum man im Mittelalter das Einhorn nicht als Fabeltier begriff, liegt im Text der Bibel selbst. In insgesamt acht alttestamentlichen Bibelstellen begegnet uns ein sehr wildes Tier, das mit hebräisch *re'em* bezeichnet wird. Die Passagen benennen insbesondere die Kraft seiner Hörner, etwa im Psalm 22.21. Daher findet sich in den modernen Bibelübersetzungen an dieser Stelle ein Büffel oder Wildstier: »Rette mich aus dem Rachen des Löwen! Ja, du hast mich erhört von den Hörnern der Büffel« (So in der Elberfelder Bibel von 1905).

Der hebräische Bibeltext war im Mittelalter nicht bekannt, er wurde durch Übersetzungen der Bibel erst ins Griechische, dann ins Lateinische vermittelt. Der Kirchenvater Hieronymus hat in der Septuaginta, der griechischen Übertragung der Bibel, *re'em* unterschiedlich (mal als *rhinoceros*, mal als *monoceros*) wiedergegeben, in der genannten Psalmenstelle wurde *re'em* mit *monoceros* übersetzt. Von hier aus gelangte das wilde Einhorn auch in die lateinische Bibelübersetzung der Vulgata und damit in einen Text, der das gesamte Mittelalter über gelesen, kommentiert, ausgelegt und in unterschiedlichen Formen vermittelt wurde, etwa in der Predigt, in Bildern oder in den Bibelübersetzungen in die Volkssprachen.

Hieronymus und auch den späteren Übersetzern stellte sich also gar nicht die Frage, ob das Einhorn existierte, sondern vielmehr das philologische Problem, wie *re'em* adäquat wiederzugeben sei, mit *rhinoceros* oder *monoceros*. Man hat das mal so, mal so gelöst, doch wird in keinem der Fälle das antike Wissen infrage gestellt. Noch Martin Luther übersetzt die Passage mit: »Hilff mir aus dem Rachen des Lewen/Vnd errette mich von den Einhörnern!« Erst die modernen Übersetzungen tilgen die Einhörner aus der Bibel.

Das Einhorn in den mittelalterlichen Naturkunden

Die Existenz des Einhorns ist somit aus den beiden zentralen Wissensquellen des Mittelalters, der antiken und der biblischen Überlieferung, belegt. Verbindend ist dabei die Wildheit als zentrale Qualität des Tiers. Die in den Naturkunden geschilderten Schwierigkeiten, sich des Einhorns zu bemächtigen, werden nun in christlichen Zusammenhängen neu erzählt und begründet. Hier kommt ein Umstand zum Tragen, der schon in Bezug auf die antiken Quellen deutlich geworden ist: In der Beschreibung wilder Tiere spielt stets die Jagd und die Reflexion darüber, wie man sich ihrer bemächtigen kann, eine Rolle. Der menschliche Blick auf die Natur ist bestimmt davon, auf sie zuzugreifen, sie sich zu eigen zu machen – ein Aspekt des westlichen Imperialismus, der im Zuge der ökologischen und postkolonialen Debatten der letzten Jahre in die Kritik geraten ist und der eine lange Geschichte hat. Gegenüber diesem Zugriff wird gerade das Einhorn von Beginn an als widerspenstig dargestellt, denn es entzieht sich ja permanent, was die Faszination an dem scheuen Wesen zum Teil erklären mag. Auch in den christlichen Interpretationen wird das Motiv der schwierigen Jagd besonders betont und in Beziehung zur Wildheit und Scheu des Tieres gesetzt.

Maßgeblich dafür ist der bereits in Kapitel 1 vorgestellte griechische *Physiologus* aus dem 2. Jahrhundert. Das populäre Werk wurde, wie bereits erwähnt, nicht nur ins Lateinische, sondern auch in nahezu alle Volkssprachen übertragen und in vielen verschiedenen Zusammenhängen rezipiert, etwa im Schulunterricht und in religiösen Kontexten. »Naturkunde« ist dabei nicht so zu verstehen, dass der *Physiologus* als zoologisches Nachschlagewerk benutzt wurde oder mit exotischen Exkursen der

Unterhaltung diente. Anders als in den naturkundlichen und ethnografischen Schriften der Antike liegt der christlichen Interpretation die Vorstellung zugrunde, dass alles, was sich in der Welt befindet, auf Gottes Wirken verweist, eben auch die von den antiken Autoritäten erwähnten Einhörner. Das geht auf die Idee zurück, dass neben der Bibel als dem »Buch der Bücher« auch die geschaffene Welt als »Buch der Natur« Sinn vermittelt. Der Theologe Hugo von St. Viktor hat dafür die schöne Formulierung gefunden, dass »die ganze sichtbare Welt einem Buche [gleicht], geschrieben vom Finger des Herrn«.[19] Die Welt zu beschreiben bedeutete zugleich, sie in ihrer religiösen Sinnstruktur zu begreifen. Werke wie der *Physiologus* sollten neben den Eigenschaften der Tiere der Schöpfung daher auch die Fähigkeit vermitteln, diese im Hinblick auf die dahinterliegenden göttlichen Wahrheiten zu deuten.

Hierfür wird im *Physiologus* ein neues Darstellungsverfahren etabliert: Erst wird in einem Berichtteil die Tierwelt nach den bekannten Konventionen beschrieben, dann werden in einem Auslegungsteil die einzelnen Eigenschaften der Tiere gedeutet, meist im Hinblick auf Christus und zentrale Heilsereignisse wie seine Geburt und Passion. Die Auslegungsgeschichte des Einhorns beruht also gerade nicht darauf, dass es als ein Fabelwesen angesehen wird, sondern, ähnlich wie beim Löwen oder dem Pelikan, gewissermaßen auf seinem Ort in der Wirklichkeit und den Eigenschaften, welche die Naturkunden bereithalten.

Über das Einhorn heißt es im griechischen *Physiologus*: »Der Physiologus sagte vom Einhorn, dass es folgende Eigenheit habe: Es ist ein kleines Tier, ähnlich einem Böcklein, ist aber sehr hitzig: Ein Jäger kann sich ihm nicht nähern, weil es sehr stark ist; es hat aber ein Horn mitten auf seinem Kopf. Wie wird es nun gefangen? Eine reine, schön gekleidete Jungfrau setzen sie vor ihm nieder, und es springt ihr auf den Schoß, und die Jungfrau nährt das Tier und bringt es dem König in den Palast.«[20]

Dieses Motiv, dass nur eine reine Jungfrau in der Lage sei, das Einhorn zu fangen und ihm seine Wildheit zu nehmen, ist uns in Kapitel 1 bereits begegnet. Pragmatisch lässt es sich kaum begründen, denn warum sollte man auf eine solche Jagdlist zurückgreifen? Hier wird eine bestimmte symbolische Aufladung des Einhorns gegenüber den antiken Quellen deutlich, die mit seiner Beschreibung des Einhorns ja durchaus konkrete Anleitungen zur Jagd verbinden, wenn man es denn aufspüren kann.

Wie kommt also die Jungfrau ins Spiel? Man hat versucht, das Motiv auf Fruchtbarkeitsmythen aus dem asiatischen Raum zurückzuführen: »Einhorn« wird dort der Sohn eines Menschen und einer Gazelle genannt, der ein einzelnes Horn auf der Stirn trägt und als Asket im Wald lebt. Er soll von einer schönen Frau aus seinem Einsiedlerdasein gelockt werden, da das Land mit einer Dürre gestraft ist: »Die Auserwählte richtet eine schwimmende Einsiedelei mit künstlichen Bäumen und Blumen her und befestigt das Floß in der Nähe der Hütte Gazellenhorns. Es gelingt ihr, den Asketen, der das Mädchen für einen anmutigen jungen Einsiedler hält, zu betören, indem sie ›wie mit der Stimme eines Amselmännchens‹ zu ihm spricht, ihm berauschende Getränke und wohlriechende Blumengewinde darbietet, vor ihm tanzt und ihn in die Arme schließt.«[21] Sobald der Einsiedler in den Palast zurückgebracht worden ist, fällt der ersehnte Regen.

Eine schöne Geschichte, die Fragen in Bezug auf die Bedeutung von Einhörnern, geschlechtlich ambiguen Mischwesen und die vielfältigen Grenzzonen zwischen Wildnis und Zivilisation aufwirft, die hier nicht behandelt werden können. Eine konkrete Quelle als Ausgangspunkt lässt sich nicht festmachen, die hier wiedergegebene Nacherzählung stammt aus dem Buch

Spiritalis unicornis des bisher unübertroffenen Einhornforschers Jürgen Werinhard Einhorn (er heißt wirklich so). Die Arbeit erschien erstmals 1970 und versammelt zahllose Texte und Bilder zum Einhorn seit der Antike, geordnet nach unterschiedlichen Wissensbereichen – eine wahre Einhorn-Bibel und vielleicht auch Zeichen einer gewissen Obsession?

In Bezug auf den menschlichen Asketen Einhorn und die Hetäre, die ihn aus der Einsamkeit lockt, sei an dieser Stelle nur gesagt, dass es auch in diesem Einhorn-Mythos um die Grenzen zwischen bewohnten Kulturräumen und der Wildnis geht. Ob aber dieser Mythos im *Physiologus* überhaupt verarbeitet wurde, lässt sich nicht mehr ermitteln (sehr wahrscheinlich ist es nicht). Man kann daran jedoch sehen, dass das aus der Antike tradierte Wissen nicht fixiert ist und unverändert weitergereicht wird, sondern im Prozess der Aneignung immer wieder verändert und neu erzählt wird. Über die religiöse Auslegung, die der *Physiologus* seinem gelehrten christlichen Publikum zu jedem der beschriebenen Tiere anbietet, generiert er also neues Wissen, denn mit der jungfräulichen Lockspeise sind bestimmte Vorstellungen verbunden, die sich auf die Gottesmutter Maria beziehen lassen. Indem der *Physiologus* im Berichtteil (der viel eher ein Erzählteil ist, der die Imagination anregt) einen Zusammenhang von Jagd, Jungfräulichkeit und Zähmung herstellt, ermöglicht er im Anschluss eine allegorische Deutung, in der das Einhorn als Christussymbol etabliert wird: »Dies bezeichnet unseren Herrn Christus, der sich um deinetwillen kleinmachte, indem er demütig die menschliche Geburt auf sich nahm. Das eine Horn bezeichnet den einen Gott. Wie dem Einhorn niemand zu folgen vermag, so kann auch kein Mensch das Geheimnis unseres Herrn vernehmen, noch konnte er von einem menschlichen Auge gesehen werden, bevor er durch den Leib der Jungfrau menschliche Gestalt annahm, womit er uns erlöste.«[22]

In dieser frühen Fassung des *Physiologus* erfolgt das Auslegungsverfahren zunächst anhand einer zentralen Qualität – der »Einhörnigkeit« –, die auf einen religiösen Aspekt – den einen Gott des Christentums – bezogen wird. Auch dieses Wissen ist nicht fixiert, vielmehr ermöglicht die Allegorese ganz unterschiedliche Interpretationen, wie die zahlreichen Bearbeitungen des *Physiologus* zeigen. Dabei wird durchgängig der Zusammenhang von Jungfräulichkeit und Zähmung benannt und auf Maria sowie die Inkarnation Christi bezogen.

In einer deutschen Übersetzung, dem *Millstätter Physiologus*, der nach einer lateinischen Vorlage um 1200 in Kärnten entstand (den Namen trägt er nach dem Benediktinerstift Millstatt), wird das Einhorn nicht gesäugt, sondern von der Jungfrau in den Schlaf versetzt: »Man nehme eine Jungfrau und führe sie an den Ort, an dem das Einhorn eifrig nach Nahrung sucht. Die reine Jungfrau lässt man dort alleine zurück. Wenn das Einhorn sie erblickt, wirft es sich an ihre Brust und schläft dort ein. So wird es gefangen.«[23]

In der Interpretation des *Millstätter Physiologus* (und natürlich auch den zahlreichen weiteren Übersetzungen und Bearbeitungen) werden die aus den antiken Texten überlieferten Qualitäten einzeln ausgelegt und auch auf diejenigen Bibelstellen bezogen, in denen die Übersetzer *re'em* mit *rhinocerus* oder *unicornis* wiedergegeben haben: Sein Horn verweise auf den einen Gott, seine Kühnheit auf die Gewalt über den Teufel, seine geringe Größe auf die Demut.

Bis hierhin entspricht das dem etablierten Verfahren der Allegorese. Dabei fällt auf, dass Animalität und Körperlichkeit stark betont werden. Dass das Tier einem »Chizze«, also einem Kitz oder Böcklein gleichen soll, wird auf die Inkarnation bezogen, also konkret: die Abbildung menschlicher, sündhafter Körperlichkeit, die Christus als menschgewordener Erlöser überwinden kann.[24] Hier findet sich ein wichtiger Hinweis darauf, warum der *Physiologus* insgesamt so erfolgreich war: Die Beschreibungen der Tiere verleihen den abstrakten religiösen Themen Anschaulichkeit und Nahbarkeit. Das Bild von der Jungfrau, die das scheue Tier liebevoll einfängt und säugt, ist ungeheuer einprägsam. Die Zähmung des Einhorns wird daher mit Bezug auf das Johannesevangelium (Joh 1.14) im *Millstätter Physiologus* auf den körperlichen und zugleich nicht körperlichen Vorgang der Empfängnis bezogen: »Durch den Willen seines Vaters fuhr er in den Schoß der unberührten Jungfrau: So wurde das Wort zu Fleisch und wohnte unter uns in Herrlichkeit.«[25]

In den umfangreicheren allegorischen Auslegungen wird also nicht nur die Wildheit des Einhorns gedeutet, sondern der ganze Zusammenhang – die Einhornjagd – auf das göttliche Mysterium bezogen. Die Allegorie dient nicht nur der Verbildlichung, sondern konkretisiert im Tier zugleich einen sehr abstrakten Sachverhalt. Das ist keine blutleere, rein theoretische Angelegenheit, denn es sind damit auch Assoziationen von Gewalt, Gefahr und Begehren verbunden.

Das hat mit der Jagd selbst zu tun und findet sich auch in Auslegungen anderer Tiere wie dem Hirsch, wird mit dem besonders begehrenswerten Beutetier aber noch zusätzlich verstärkt. Aus der antiken wie der biblischen Tradition heraus wird das Einhorn als ein wildes, aber keinesfalls als ein ungefährliches oder unschuldiges Tier angesehen. Auch lässt die Darstellung von Einhorn und Jungfrau auf mütterliche Beziehungen – Säugen, In-den-Schlaf-Wiegen – ebenso schließen wie auf sexuelle, wenn es um den Schoß der Jungfrau, das Horn und die in den bildlichen Darstellungen häufig angedeutete Penetration geht. Da die Allegorie so vielfältige Deutungen erlaubt, kann beides nebeneinander existieren und muss sich nicht ausschließen.

Jäger und Jungfrauen in mittelalterlichen Bilderhandschriften

Beide Aspekte der Einhornjagd – Reinheit und Begehren – werden in den mittelalterlichen Bestiarien sichtbar, Sammlungen allegorischer Tierdarstellungen, die auf den *Physiologus* zurückgehen und meist reich bebildert sind. Die Bilder transportieren das in den Texten vermittelte Wissen über die christlichen Symboliken der Tiere, doch zeigt sich gerade am Einhorn, dass sie auch andere Assoziationen zulassen als die eindeutigen religiösen Zuschreibungen.

In den prachtvollen Abbildungen (Illuminationen) der Bestiarien wird nämlich die Darstellung der Einhornjagd häufig um die Figur eines Jägers oder um mehrere Jagdteilnehmer ergänzt. Nun haben wir es also mit drei und mehr Akteuren zu tun, deren Beziehungen eine Vielfalt an Deutungsmöglichkeiten eröffnen. Vor allen Dingen wird dadurch betont, dass das Einhorn stets in großer Gefahr ist. Es wird also nicht bloß eingefangen, sondern sucht bei der Jungfrau eine Zuflucht. Dieser Darstellungstyp lässt also verstärkt auch emotionale Deutungen zu: Furcht, Mitleid, Sorge, aber auch Aufregung, Jagdlust und Leidenschaft, je nachdem, ob man sich auf die Jäger, die Lockspeise oder die Beute konzentriert.

Die Funktion der Darstellungen hebt auch in diesen Bestiarien primär auf die religiösen Sinngehalte ab, in die man sich bei der Betrachtung vertiefen sollte. Doch sollte man sich dabei vor Augen halten, dass die Jagd auf Wildtiere und die damit verbundene Unterhaltung einem mittelalterlichen – zumindest dem adligen – Publikum nur zu vertraut ist. Die Einbeziehung von häufig höfisch oder militärisch gekleideten Jägern in die bildliche Darstellung eröffnet hier also auch andere Deutungen.

Eine kreisförmige Miniatur aus dem *Harley Bestiary* (um

Rochester Bestiary (1230–1240), British Library

1200), das heute im British Museum aufbewahrt wird, gestaltet die Jagd besonders dramatisch. Jungfrau und Einhorn befinden sich auf der linken Seite in einem Rankenwald, der über die Umgrenzung der Miniatur hinausweist. Dies deutet eine Wildnis oder Einöde an, bildet aber auch ein dekoratives Element. Das gehetzte Tier ist, wie auch die anderen in diesem Bestiarium dargestellten Wildtiere, recht groß und muskulös dargestellt sowie mit einem Kinnbart wie ein Bock ausgestattet. Das Horn ist nach oben gerichtet. Die in Rot und Blau gekleidete Jungfrau umfängt es mit beiden Armen, drückt es an ihre Brust und hält seine Vorderläufe. Mit ihrem Körper schirmt sie das Einhorn vor drei von rechts auf die beiden eindrängenden Jägern ab, den Kopf hat sie über die linke Schulter den Männern zugewandt, ihre Blicke sind auf die Jäger gerichtet, die ihrerseits die Jungfrau anblicken. Der rot gekleidete Jäger im Vordergrund hat den Blick nach oben gerichtet. Mit einem Schwert und einer Lanze haben die Jäger das Tier an der Seite schwer verletzt.

Aus der Tradition wissen wir nun, dass das Einhorn auf Christus, die Jungfrau auf die Empfängnis Jesu verweist. Mit der Verwundung und der Lanze, die der rot gekleidete Jäger dem Tier in die Seite gebohrt hat, wird mit der blutigen Jagd je-

Harley Bestiary (spätes 12./frühes 13. Jh.), British Museum

doch zugleich auch ein Bezug auf das Selbstopfer und die Passion Christi aufgerufen. Die Jagd auf das Einhorn, welche die Menschwerdung Jesu symbolisiert, nimmt im Bild schon seine Passion voraus: Beides ist miteinander verbunden, und diesen heilsgeschichtlichen Zusammenhang setzen viele Bestiarien ins Bild, indem sie die Jäger in die Darstellung einbeziehen. Vor dem Hintergrund der großen Bedeutung der Jagd in der mittelalterlichen, vor allen Dingen der höfischen Gesellschaft und angesichts der Blicke, die zwischen den Jägern und der Jungfrau hin- und hergehen, fragt man sich aber unwillkürlich, ob nicht auch andere Lesarten vielleicht nicht intendiert, aber zumindest ermöglicht werden, die auf den Zusammenhang von Jagd, Jungfräulichkeit und Begehren abheben.

Ein besonders interessantes und auch schräges Beispiel für diesen Typus ist eine Abbildung aus den *Rothschild Canticles*, einem flandrischen Gebetbuch von um 1300. Das Buch enthält eine Zusammenstellung aus Gebeten und Texten zur religiösen Meditation, darunter auch allegorische Tierauslegungen und einige interessante Darstellungen von Mischwesen, die in den Begleittexten moralisch ausgedeutet werden. Eine ganzseitige Illumination ist der Einhornjagd gewidmet. Sie ist zweigeteilt: In der oberen Bildhälfte wird dargestellt, wie das Einhorn angelockt wird, die untere zeigt die eigentliche Einhornjagd.

Oben links sieht man eine sitzende, rot gekleidete Frau, deren Haar bedeckt ist und die in der rechten Hand einen Eimer hält. Rechts von ihr springt oder tanzt die Jungfrau nackt und mit erhobenen Armen dem Einhorn entgegen, das seinerseits von rechts mit erhobenem rechten Vorderhuf der Jungfrau entgegengeht. Auch hier deuten Bäume im Hintergrund einen Naturort oder eine Wildnis an. Die ganze Darstellung erscheint ausgesprochen heiter: Beide Frauen lächeln das Einhorn an, das einen zutraulichen Eindruck macht und zurücklächelt. Die Verlockung durch die schöne junge Frau wird in der schwungvollen Bewegung aufeinander zu ins Bild gesetzt und scheint in einer gewissen Spannung zu den religiösen Inhalten zu stehen. Auch die Gegenwart der weiteren Frau, eventuell einer Zofe, impliziert vielleicht ein eher höfisches Ambiente, zumindest weist die Darstellung einen gewissen Bezug zur zeitgenössischen adligen Welt dar.

Im unteren Bildfeld ist rechts auf einer kleinen landschaftlichen Erhöhung sitzend die – hier mit einem weißen Gewand bekleidete – Jungfrau zu sehen, die den Kopf des Einhorns umfängt und an ihre Brust drückt. Sein Horn ist nach oben links gerichtet. In der Bildmitte ist ein rot gekleideter Mann zu sehen, der den Körper nach rechts wendet, dabei aber den Kopf über seine rechte Schulter wendet und nach links zu der Jungfrau blickt. Er hält einen Speer in den Händen, mit dem er in einer kraftvollen Bewegung den Bauch des Einhorns durchbohrt.

Rothschild Canticles (um 1300), Beinecke Rare Book and Manuscript Library, Yale

Der Speer bildet gemeinsam mit dem Horn des Einhorns und der die Bildfelder trennenden Umrandung ein Dreieck, doch verbindet der Speer zugleich auch die beiden Bildfelder, indem er die Grenze durchbohrt und auf das (noch) unversehrte, fröhliche Einhorn im oberen Bildfeld weist.

Dass die Blicke der Jungfrau und des jungen höfischen Jägers sich treffen, mag in Zusammenhang mit der Erlegung des Einhorns auch noch andere, weniger religiöse Assoziationen hervorrufen, die mit der Jagd als Metapher für die Liebeswerbung zu tun haben könnten. Auch die berittene und mit einem Kranz geschmückte Gestalt, die von rechts kommend auf den Jäger zureitet und ihn fixiert, verweist darauf, denn sie hält einen Jagdvogel auf der rechten Hand. Die Beizjagd wird in der höfischen

Kultur des Hochmittelalters als die vornehmste Jagdform aufgefasst, häufig wird sie in der Dichtung mit der Liebesjagd assoziiert.

Die Interaktionen der Menschen und Tiere (jeweils drei), die Farbkontraste von Weiß (die Jungfrau und der Reiter) und Rot (die Zofe und der Jäger), nicht zuletzt die wechselseitigen Blicke erzeugen eine Dynamik in der Darstellung, während gleichzeitig die zugrunde liegenden Beziehungsmuster unklar sind – wer jagt, wer begehrt hier eigentlich wen?

Um den Zusammenhang von Jagd und Liebe in der höfischen Welt wird es in Kapitel 3 gehen, hier wird jedenfalls schon deutlich, dass die verschiedenen Deutungsmöglichkeiten der Jagd auf das Einhorn – die religiöse und die weltliche, in Bezug auf Reinheit und Begehren – nebeneinander existieren und auch miteinander vermischt werden. Das Einhorn der *Rothschild Canticles* jedenfalls ist unschuldig-zutraulich in die Honigfalle getappt, seine Verletzung wird durch die durchbrechende Lanze schon im oberen Bildfeld angedeutet und der Eimer, den die rot gekleidete Frau oben mit sich führt, taucht unten in der Illumination außerhalb der Umrandung noch einmal auf und fängt das von der Lanzenspitze herabtropfende Blut auf. So höfisch-heiter sich die Darstellung auf den ersten Blick auch präsentieren mag, sind Opfer und Tod des scheuen Einhorns auch hier bereits angelegt.

Das Einhorn im verschlossenen Garten

Dieser Bezug zur Passion wird in einem religiösen Traditionsstrang wieder aufgenommen, der mit der heilsgeschichtlichen Deutung von Jungfrau und Maria zusammenhängt und einen weiteren Bildtypus ausprägt. Das als »sakrale Einhornjagd« oder *Hortus conclusus* bezeichnete Motiv findet sich vorwiegend in der deutschen Bild- und Textilkunst des 15. und 16. Jahrhunderts. Es beruht auf der im Vorangegangenen gezeigten narrativen Verbindung von Jagd und Jungfräulichkeit und entwickelt die Allegorie weiter, indem es die Einhornjagd nicht nur allgemein symbolisch mit der Menschwerdung, sondern mit einem ganz bestimmten Moment der Heilsgeschichte verbindet: der Verkündigung durch den Erzengel Gabriel, die als göttlicher Sprechakt in der christlichen Vorstellung zugleich der jungfräulichen Empfängnis entspricht.

In diesem Zusammenhang wird wiederum die Jungfrau mit Maria und zusätzlich der Jäger mit dem Erzengel Gabriel assoziiert. Indem nun der »Jäger« mit seinen Jagdhunden das Einhorn in den Schoß der Jungfrau treibt, wird die Verkündigung zeitlich konkretisiert und der Augenblick der Empfängnis ins Bild gesetzt.

Diesen Zusammenhang finden wir in der Textilkunst des späten Mittelalters, ein besonders schönes Beispiel dafür ist ein besticktes Tuch aus dem niedersächsischen Kloster Ebstorf, das für ein Lesepult angefertigt wurde.

Die querrechteckige Decke zeigt auf der linken Seite den Erzengel Gabriel, der mit der linken Hand ein Jagdhorn an den Mund führt und in der rechten eine Lanze trägt. Begleitet von vier Hunden kniet er vor einem Tor, das die Bildfläche in der Mitte senkrecht teilt. Auf der rechten Seite ist der von einer sechsseitigen Mauer eingefasste Garten dargestellt, in dessen Mitte Maria sitzt. Sie hält Kopf und Horn des relativ kleinen, weißen Einhorns, das sich auf ihrem Schoß zusammengerollt hat.

Spruchbänder erläutern die Darstellung: Der Garten wird als *(H)ortus conclusus* bezeichnet, also als verschlossen. Hier erhält die Einhornjagd neben der zeitlichen (im Moment der Empfängnis) auch eine räumliche Konkretisierung (im umschlossenen Garten). Der Garten ist eine Paradiesanspielung, zugleich

Lesepulttuch (4. Viertel 15. Jh.), Kloster Ebstorf

geht die Bezeichnung als *Hortus conclusus* auf einen alttestamentlichen Bezug zum Hohelied des Alten Testaments zurück: *hortus conclusus soror mea sponsa hortus conclusus fons signatus* (»Ein verschlossener Garten ist meine Schwester, meine Braut, ein verschlossener Garten, eine versiegelte Quelle«, Hld 4,12). Die Abgeschlossenheit des Gartens verweist also auf die Jungfräulichkeit, ebenso wie auch weitere religiöse Symbole, die sich innerhalb des Gartens befinden und ebenfalls durch Schriftbänder bezeichnet werden: Das goldene Gefäß (*urna aurea*), das auf dem Kleid Marias steht, das ausgebreitete Fell Gideons (*vellus Gedeonis*) und der versiegelte Brunnen (*fons signatus*) sind ebenfalls Verweise auf alttestamentliche Bibelstellen und zugleich Anspielungen auf Maria bzw. ihre Jungfräulichkeit. Indem die Einhornjagd in den *Hortus conclusus* verlegt wird, verschiebt sich daher der Fokus vom Einhorn auf Maria und von der Menschwerdung zur Empfängnis.

Eine entscheidende Erweiterung liegt aber auch in der Übertragung des Jägers auf den Erzengel Gabriel, aus dessen Jagdhorn sich ein Spruchband entrollt, das am Tor zum Garten vorbei in die rechte Bildhälfte reicht und die beiden Bildfelder miteinander verbindet. In diesem Spruchband stehen abgekürzt die Worte, die Gabriel der Bibel nach bei der Verkündigung zu Maria gesprochen hat und die auch den Beginn des Mariengebetes Ave Maria bilden: *Ave Maria, gratia plena* (»Gegrüßet seiest Du, Maria, voll der Gnade«). Nicht nur der Jäger, auch die Jagdhunde erhalten eine eigene Bedeutung: Sie werden in den Schriftbändern als Veritas (Wahrheit), Pax (Friede), Misericordia (Barmherzigkeit) und Justitia (Gerechtigkeit) bezeichnet und verkörpern somit wichtige christliche Tugenden.

Viele dieser Darstellungen der sakralen Einhornjagd sind in Frauenklöstern entstanden und auch dort benutzt worden, das heißt, die Textilien waren Teil der Ausstattung der Kirchenräume und sollten der religiösen Erbauung und meditativen Vertiefung dienen. Das Bildmotiv der Einhornjagd findet sich auch zahlreich als kleinformatige Stickerei, zum Beispiel auf den Hüllen von Sitzkissen. Es scheint bei den Klosterfrauen sehr beliebt gewesen zu sein. Abgesehen von dem Reiz, den das scheue Tier offensichtlich auch auf dieses Publikum ausgeübt hat, sollte man sich verdeutlichen, dass die Klosterfrauen, die sich für ein Leben für Christus entschieden haben, sich mit der Jungfrau in besonderem Maße identifizieren konnten und Keuschheit in ihrem Selbstverständnis eine zentrale Rolle spielte.

Die Grundlage dieses Bildtypus, gewissermaßen seine Erzählung, bildet also weiterhin die Vorstellung, dass das Einhorn Christus symbolisiert, aber um dieses Tuch zu »lesen« und sich meditativ hineinzuversetzen, kann man sich anhand der einzelnen Bestandteile assoziativ zu den entsprechenden Bibelstellen und damit verbundenen Themen leiten lassen, die den Betrachterinnen sicherlich sehr vertraut waren. Man kann also anhand des *Hortus conclusus* entweder intensiv über Jungfräulichkeit und Reinheit nachdenken – oder sich an dem hübschen weißen Einhorn erfreuen, das weiterhin im Zentrum der Darstellung steht.

Die Assoziationsmöglichkeiten der allegorischen Ausdeutung sind nahezu unbegrenzt. Mit dem Bezug auf Opfertod und Passion Christi wird im nächsten Beispiel noch ein weiteres Thema in den Bildtypus integriert, das uns bereits begegnet ist. Es handelt sich um einen großformatigen Wandbehang oder ein Antependium (also ein großes Tuch, das die Vorderseite eines Altars schmückt) aus Basel, das 1480 datiert ist. Es ist 104 Zentimeter breit und misst ganze 380 Zentimeter in der Länge.

Der Bildaufbau entspricht dem Lesepulttuch aus Ebstorf: Links ist der Erzengel Gabriel abgebildet, der mit der linken Hand ein Jagdhorn zum Mund führt und in der Rechten eine Lanze mit daran befestigter Fahne trägt. An einer Leine, die er ebenfalls in der rechten Hand hält, führt er vier Hunde. Die Gruppe steht vor einer niedrigen Mauer, die einen Paradiesgarten in Form eines gelängten Sechsecks umgrenzt. Die Ummauerung ist von drei betürmten Pforten durchbrochen. In der Bildmitte befindet sich ein Brunnen, rechts davon ist ein geflecktes Einhorn zu sehen, das auf den Hinterbeinen stehend auf die sitzende Maria zuspringt. Diese hält in der linken Hand ein Buch (dieses Motiv findet sich in vielen Darstellungen der Empfängnis), neigt sich dem Einhorn zu und umfasst mit der Rechten das überproportional lange, gedrechselte Horn.

Auch hier wird Maria durch zahlreiche Referenzen noch zusätzlich ins Zentrum gerückt. Die Goldene Pforte (*porta aurea*) in der Mauer verweist etwa auf die in Marienlegenden geschilderte Begegnung ihrer Eltern Anna und Joachim. Diese sind lange kinderlos geblieben und haben sich kurzzeitig getrennt. Nachdem ihnen aber prophezeit wurde, dass sie ein Kind emp-

Hortus conclusus. Antependium (1480), Zürich, Landesmuseum

fangen werden, treffen sie unter der Goldenen Tempelpforte zusammen. Sie fallen sich in die Arme, küssen sich – und Anna empfängt der Legende nach so Maria. Auf die Jungfräulichkeit Marias verweisen etwa der Turm Davids (rechts oben) und der Jakobsstern (*stella Jacob*). Solche Bezüge zwischen dem Alten und dem Neuen Testament werden als Typologie bezeichnet, die über Analogien oder Antithesen funktionieren. Eine Analogie zur Passion Christi sahen die mittelalterlichen Exegeten zum Beispiel im (angedrohten) Opfertod Isaaks, der auf die Passion vorausweist. Eine antithetische Typologie wiederum wurde darin gesehen, dass Maria ein Gegenbild, also einen Antitypus zu Eva darstellt und mit der jungfräulichen Empfängnis deren Schuld an der Vertreibung aus dem Paradies ausgleicht. Entsprechend wird auch Christus als ein Antitypus Adams aufgefasst, weil er mit seinem Tod den Sündenfall gesühnt hat.

Vor diesem Hintergrund erklärt sich der Paradiesbezug des *Hortus conclusus.* In der großformatigen Basler Bildwirkerei wird er noch zusätzlich in einen umfassenden heilsgeschicht-

lichen Zusammenhang gestellt, indem die Bezüge zur jungfräulichen Empfängnis mit dem heilsgeschichtlichen Zusammenhang von Sündenfall und Erlösung im Opfertod Christi verbunden werden. Wie in den Bestiarien wird im Moment der Empfängnis das Tier nicht nur gezähmt, sondern gleichzeitig getötet: Das Einhorn flüchtet sich in den Schoß der Jungfrau, die sein Horn hält und es so fixiert. Zugleich versetzt ihm der oberhalb des Tieres dargestellte Adam (wie uns das Spruchband über seinem Kopf verrät) mit einer Lanze den Todesstoß in die Brust, während Eva, die sich unterhalb des Einhorns befindet, das aus seiner Kehle strömende Blut in einem Kelch auffängt. Die beiden Adam und Eva zugeordneten Spruchbänder verweisen mit Zitaten aus dem Buch des Propheten Jesaja auf den Zusammenhang von Opfertod und Erlösung: »Aber er ist um unserer Missetaten willen verwundet worden« – »und durch seine Wunden sind wir geheilt« (Jes 53.5).

Diese besondere heilsgeschichtliche Einbettung der Einhornjagd geht wohl auf eine deutsche Fassung der Exempelsammlung *Gesta Romanorum* zurück, die unter dem Titel *Der Römer Tat* aus dem 14. Jahrhundert überliefert ist. In dieser Erzählung aber wird das arme Einhorn nicht von einer, sondern von gleich zwei Jungfrauen gefangen: Eine beruhigt es und versetzt es in den Schlaf, und die andere greift zum Schwert: »Als aber die Jungfrau, die das Schwert hatte, sah, dass es im Schoß ihrer Gespielin eingeschlafen war, schlug sie ihm das Haupt ab und tötete es. Die andere fing sein Blut in einem Becken auf. Und aus diesem Blut ließ der König sich ein Purpurgewand anfertigen.«[26]

Diese beiden Jungfrauen werden im Anschluss, wie wir das auch aus dem *Physiologus* kennen, heilsgeschichtlich gedeutet: Es handelt sich um Eva, die das Einhorn tötet, und Maria, die sein Blut auffängt. Im Zentrum dieser Auslegung steht also die typologische Verbindung von Eva und Maria, welche die Erbsünde der Ersteren ausgleicht. Die Bildwirkerei aus Basel dagegen stellt mit Adam und seiner tödlichen Lanze eine Verbindung von Sündenfall und Passion her, die auf Christus bezogen ist. Das schließt an die Einhornjagd als Symbol der Empfängnis und Menschwerdung Jesu an und steigert noch den Zusammenhang von Jagd, Gefahr und Tod.

Wie wir gesehen haben, arbeitet das Ebstorfer Lesepulttuch mit der Aneinanderreihung von biblischen Bezügen, die um ein gemeinsames Thema organisiert sind: die Jungfräulichkeit Marias. Um das im Basler Behang vorliegende, deutlich komplexere Bildprogramm (auf die vielen weiteren, den Garten umgebenden Motive sind wir hier gar nicht eingegangen) »lesen« und die Hinzufügungen in Bezug auf Passion und Sündenerlösung erkennen zu können, muss man die Ausdeutungsgeschichte des Einhorns gut kennen.

Aber auch dieses Kunstwerk macht uns unterschiedliche Angebote, es wahrzunehmen und sich gleichsam durch den Garten zu bewegen: Man kann entlang den Spruchbändern einer Leserichtung von links nach rechts, quasi als Stationenweg, folgen. Oder man spaziert durch eine imaginäre Gartenanlage und erfreut sich an den verschiedenen dort aufgestellten Gegenständen. Gelenkt werden kann die Rezeption zudem über die Spannung der Positionierungen innerhalb und außerhalb des Gartens sowie über die Blickachsen, die auf Maria und das Einhorn gerichtet sind. Im Zentrum der Bildwirkerei steht mit dem versiegelten Brunnen die statische, immerwährende Unberührtheit der Jungfrau, doch den dramatischen Blickfang bildet das hübsche gefleckte Tier. Erst der Zusammenhang von Jagd und Zähmung durch die Jungfrau erzeugt eine Dynamik des Bildprogramms, in der nicht die Jungfrau durch das Einhorn, sondern das Tier von der Lanze Adams durchbohrt wird.

Das Landesmuseum Zürich, in dem die Wirkerei ausgestellt wird, hat diese Dynamik museumspädagogisch verwertet und präsentiert sie in einer audiovisuellen Mediashow, in der nacheinander unterschiedliche Bereiche des Textils durch Lichteffekte hervorgehoben und dann erläutert werden. Untermalt von paradiesischem Vogelzwitschern, von Blitz und Donner, die das Hereinbrechen der Sünde markieren, und anderen medialen Elementen erscheint die Jagd dann als ein universelles Heilsdrama von Verfolgung, Rettung und Todesopfer. Auch die meditativ angelegten Bildwirkereien aus den Frauenklöstern bedienen sich also der Dramatik der Jagd auf das scheue Einhorn.

Im Lauf des Mittelalters haben sich vielfältige religiöse Bedeutungen um das Einhorn angelagert, die maßgeblich mit der Christussymbolik zusammenhängen. Das antike Wissen und die Schwierigkeiten, sich des scheuen Tieres habhaft zu machen, werden aber weiter mittransportiert. Selbst das im ersten Kapitel beschriebene medizinische Wissen lässt sich in dieses religiöse Symbolsystem integrieren: Eine weitere Legende rund um das

Einhorn verbindet nämlich seine Gleichsetzung mit Christus, dem Erlöser der Menschheit, mit der Vorstellung von der Heilungskraft des Hornes und erklärt das Einhorn zum Retter aller Tiere vor dem Gift der Schlange:

> Es gibt ein Tier, das sogenannte *monokeros*. In jener Gegend ist ein großer See, und es kommen die Tiere zusammen, um zu trinken. Noch ehe sich die Tiere versammelt haben, kommt die Schlange und wirft ihren Saft in das Wasser. Wenn die Tiere nun das Gift bemerken, wagen sie nicht zu trinken, sondern warten auf das *monokeros*. Es kommt und steigt sogleich in den See, schlägt mit seinem Horn ein Kreuz und läßt so die Kraft des Giftes schwinden, und da es von dem Wasser trinkt, trinken auch alle jene Tiere.[27]

Wenn wir uns nochmals die beiden Einhörner in der Darstellung Stimmers aus der Basler Bilderbibel ansehen, erkennen wir, dass hier auf zwei Auslegungstraditionen Bezug genommen wird, auf die religiöse und auf die medizinische, um die Erlösungsmacht des Einhorns effektvoll ins Bild zu setzen: Das Tier im Vordergrund richtet sein Horn nach oben und verweist auf den einen Gott. Das zweite Einhorn richtet sein Horn nach unten und befreit die Quelle vom Gift.

Die Darstellung Stimmers ist voller Tiere, doch im Blick auf die Einhörner wird ein übergeordnetes Bildprogramm deutlich, welches das Thema der Arche Noah erweitert und die Menschen in den Hintergrund treten lässt: In den Einhörnern verbindet sich die Schöpfungsgeschichte mit dem naturkundlichen Wissen wie auch dem medizinischen Heilungsmythos. Das Einhorn als Christussymbol wird damit zum Sinnbild der Rettung aller Tiere, die – anders als der Großteil der sündigen Menschheit – auf der Arche geborgen werden.

Kapitel 3

Von Jagd, Gefahr und Begehren: Das Einhorn als Liebessymbol

Im vorangegangenen Kapitel haben wir gesehen, dass in den verschiedenen Darstellungen der Einhornjagd neben Einhorn und Jungfrau auch noch zusätzliche Jagdteilnehmer auftreten, deren Beziehungen viele neue Deutungsmöglichkeiten eröffnen. Die Jagd spielt gerade für ein adliges Publikum eine große Rolle, wie an der Einbeziehung höfisch gekleideter Jäger in die Darstellungen der Bestiarien deutlich wurde. Das wird in denjenigen Bildern und Texten, die seit dem 12. Jahrhundert im christlichen Westen die höfische Kultur und das Rittertum feiern, noch gesteigert, wobei die religiösen Symboliken der Einhornjagd zunehmend von erotischen überlagert werden.

Das hängt sicherlich damit zusammen, dass die Jagd in vielen vormodernen Kulturen, auch in der ritterlichen, eine Form der Initiation, also der rituellen Einführung ins Erwachsenendasein darstellt. In der Adelswelt des hohen Mittelalters bildet Jagd neben anderen Aktivitäten eine Möglichkeit für junge adlige Männer, sich unter ihren Altersgenossen hervorzutun und ihre physische Überlegenheit und Geschicklichkeit unter Beweis zu stellen. Gemeinsam zur Jagd auszureiten und sich in den Jagdtechniken zu üben, dient der körperlichen Ertüchtigung und Vorbereitung auf den Kriegsdienst, der den Kern des ritterlichen Selbstverständnisses bildet. Die Jagdkunst wird aber auch allgemeiner als eine Form der Disziplinierung angesehen, bei der neben Tugenden wie Tapferkeit und Kampfesmut auch die Bedeutung von Werten wie Mäßigung und Affektregulierung betont wird. Jagd wird daher in den höfischen Quellen als Ausdrucksform höchster Kultivierung und größtmöglicher Verfeinerung gezeigt, indem die jagenden Menschen ihre Macht über die wilde Natur unter Beweis stellen.

Das ermöglicht auch eine Art der Gleichsetzung von Jagd und Liebe: Im Rahmen des Nachdenkens über die höfische Liebe (okzitanisch: *fin'amors*, französisch: *amour courtois*, mittelhochdeutsch: *minne*), die den Liebenden bessern und in gewisser Weise zivilisieren soll, dient das Erlernen der Jagdkunst (lateinisch: *ars venandi*) letztlich auch der Einübung in die Liebeskunst (der *ars amandi*).

In den folgenden Beispielen aus der höfischen Welt wird aber auch deutlich werden, dass die Jagd nicht nur die zentralen Akteure (Jäger bzw. Lockmittel und Beute) betrifft, sondern stets die gesamte Hofgesellschaft, die gemeinsam ausreitet. Die Jagd wird dabei zum öffentlichen Spektakel, das einerseits zur Selbstdarstellung und Repräsentation adeliger Tugenden genutzt wird, andererseits aber auch der Unterhaltung dient, bei der man sich außerhalb der Burgen in der Natur ergeht und in einen freieren, weniger reglementierten Umgang miteinander tritt. Dieser Zusammenhang ist sicherlich auch bedeutsam für die Deutungen der Einhornjagd im Rahmen der mittelalterlichen Liebessymbolik.

Das Einhorn, das ich also bin: Liebesjagd und Liebestod

Die Zunahme an Darstellungen der Einhornjagd als Ausdruck höfischer Liebe bedeutet nicht, dass die religiösen Sinngehalte ganz ausgeblendet oder verschwinden würden, die unterschiedlichen Assoziationen haben vielmehr nebeneinander Platz. Auch die weltlichen Deutungen haben ihren Ursprung in den christlichen Naturkunden, denn erst mit Einführung der Jungfrau als Lockspeise wird das struppige Mischwesen der antiken Quellen zum Objekt der Begierde.

Die religiöse Identifikation des Einhorns mit Christus ermöglicht zugleich eine erneute, sehr folgenreiche Übertragung im Rahmen der höfischen Liebe: Das wilde und unzähmbare Einhorn versinnbildlicht hier auch den Mann, und zwar nicht mehr nur im Sinne des Erlösers, sondern auch als Liebender oder Liebesobjekt. Jungfrau und Einhorn werden in den Darstellungen der höfischen Kunst und Literatur somit auf neue Weise aufeinander bezogen und symbolisch aufgeladen.

Für die Dynamik dieser Liebesjagd ist daher auch die Frage relevant, wer eigentlich wen jagt. Ortega y Gasset hat dies in seinen berühmten *Meditationen über die Jagd* als »Geschehen zwischen zwei Tieren« bezeichnet, »von denen das eine das handelnde und das andere das leidende ist, eines ist Jäger und das andere das Gejagte«.[28] Im Eifer der Jagd kann sich das Geschehen jedoch permanent dramatisch verkehren, indem der Jäger zum Gejagten wird. Es ist daher immer eine Frage der Perspektive, wer jeweils das leidende und wer das handelnde Tier ist.

Aus den religiösen Bildquellen heraus könnte man zunächst einmal argumentieren, dass das Einhorn natürlich das Opfer ist, denn es steht für die Passion Christi. Da die Jungfrau selbst aber nicht jagt, sondern in Erwartung verharrt und stets Gefahr läuft, von dem unbezähmbaren wilden Tier durchbohrt zu werden, lässt sich die Einhornjagd aber auch so verstehen, dass die Jungfrau die eigentliche Beute darstellt. Dabei weist die visuelle Inszenierung der Hörner und Stichwaffen darauf hin, dass auch vom Einhorn selbst Gewalt ausgehen kann – von den Penetrationsfantasien, die damit verbunden sind, ganz zu schweigen. Wir haben schon in den Bestiarien im zweiten Kapitel gesehen, dass die emotionale Aufladung des Geschehens, von Begehren, Bedrohung und Gewalt, sich auch auf die Interaktionen der Jäger und des jungfräulichen Köders richten kann.

Diese Interpretation spielt im religiösen Bildtypus der sakralen Einhornjagd keine Rolle, die entweder das Selbstopfer Christi oder die Jungfräulichkeit Marias in den Vordergrund rückt. Doch Reinheit und Keuschheit, und damit die Rolle der Jungfrau, werden auch in den höfischen Vorstellungen von idealer Liebe reflektiert. Dies wird in ironischer Weise von Rudolf von Ems aufgenommen, der in seiner *Weltchronik* (aus der Mitte des 13. Jahrhunderts) die Begegnung mit dem Einhorn zu einer Art Jungfräulichkeitstest erklärt. Zunächst beschreibt er das Tier gemäß der naturkundlichen Tradition, die wir in Kapitel 1 kennengelernt haben, als ein äußerst wildes Mischwesen, das in Indien zu finden ist: »[In Indien] kommt auch das Einhorn vor, das niemand auf der Welt mit Manneskraft bezwingen kann, so stark und schnell ist es. Sein Körper ist der eines Pferdes, es trägt sein Hirschhaupt auf feindselige Weise erhoben. Sein Verhalten ist unfreundlich. Es hat Elefantenfüße und einen Schweineschwanz. Mitten auf der Stirn trägt es ein Horn wie aus Glas, vier Fuß lang, so habe ich gelesen. Vor ihm kann man sich nicht schützen und sich ihm mit keiner Waffe nähern, so böse ist dieses Tier, so stark, so zornig und so stolz ist es, und so furchtlos, dass niemand außer einer reinen Jungfrau es zu fangen vermag.«[29]

Anders als in den naturkundlichen Texten verdeutlicht Rudolf dann aber die Schwierigkeiten, die mit einer solchen Jagdmethode auch verbunden sein können, denn eine reine Jungfrau ist vielleicht nicht immer so leicht zu finden: »Wenn es sich aber so verhält, dass sie eine Frau ist, sich aber selbst als Jungfrau bezeichnet, dann lässt [das Einhorn] sie nicht davonkommen und beweist ihr gegenüber großen Zorn: Es durchbohrt sie mit seinem Horn und bestraft sie für die Lüge, die sie in Bezug auf sich selbst geübt hat.«[30]

Im Liebes- und Abenteuerroman *Wilhelm von Österreich* des Johann von Würzburg (der vor 1314 entstanden ist) wird ebenfalls über den Status der Jungfrau für die Jagd nachgedacht. Der Jägermeister des Protagonisten Wilhelm berichtet hier der Hofgesellschaft, dass er Spuren eines Einhorns gesehen habe. Er schildert dann, ebenfalls ganz im Einklang mit den naturkundlichen Quellen, wie man ein Einhorn einfangen kann: mithilfe einer reinen Jungfrau. Die Hofgesellschaft ist nun in heller Aufregung und will sofort aufbrechen, um das scheue Tier zu sehen. Enthusiastisch erklärt sich die Zofe von Aglaye, der Ehefrau Wilhelms, bereit, als Lockmittel eingesetzt zu werden. Als einziges Mitglied des Hofes ist ihre Herrin eher skeptisch, was die Erfolgsaussichten des Planes angeht: »Aglaye, die schöne Frau, hasste diese Jagdunternehmung. Sie sprach zu der Jungfrau: ›Du bist eine Törin. Wo hast du nur deinen Verstand? Willst du dich von einem Tier töten lassen, das überhaupt keine Vernunft besitzt? Und wenn du die reinste aller Jungfrauen wärst – es nimmt dir doch wahrhaftig das Leben.‹«[31]

Anders als bei Rudolf, der das misogyne Misstrauen seiner Zeit – das den Frauen in der Regel Sitten- und sexuelle Zügellosigkeit unterstellt – gerne bedient, wird hier einerseits eine Ironisierung des Einhorns, andererseits auch ein beinahe rationaler Blick auf die Jagd deutlich. Das Einhorn wird folgerichtig

Darnach rüstet sich yederma̅
czů dem gejägt was yederman
wol jm sýn biß allein agleyen
die gieng zů irẽ herrn vn̄ main
viel jm an seinen hals vnnd sp-
rach aller liebster herr wir wöl/
len durch aller der treüe willen
die wir eüch ye erzeigt habent·
das jr das gejägt vnderwegen
lassent dann wir fürchtẽ dz vns
ettwas böß vor sey· wir fürch/
ten das die junckfraw von dem
thier ertödt werd· vnd sprach
do czů der junckfrauen· du bist
ein nerrin· das du dich darhin/
der pringen last· wenest du daz
das thier auch vernunfft habe·
wärent deiner hundert es ertöd
tet eüch allsampt·

Wie der jägermeister
dz thier vand vnd dar-
nach die junckfrauẽ sa
czte an dz end do erwol
wüst do das thier hin-
lauffen wurd·

Wilhelm von Österreich, Augsburg: Anton Sorg (1491)

im *Wilhelm von Österreich* eben nicht gefangen – oder auch nur gesichtet. Stattdessen wird die Hofgesellschaft von einer Horde heranreitender Sarazenen abgelenkt, was Wilhelms Tod zur Folge haben wird. Vom Einhorn bleibt nur die Spur, von der der Jägermeister berichten konnte.

Ein interessantes Bildzeugnis zum *Wilhelm vom Österreich* aus der Frühen Neuzeit verdeutlicht dabei, wie die religiöse

Bildtradition auch die höfische Einhornjagd prägt: Der Einfluss der sakralen Einhornjagd wird am Bildaufbau des Holzschnitts aus einem illustrierten Frühdruck sichtbar: Von links naht der Jäger mit den Hunden, er bläst das Horn. Das Einhorn flieht nach rechts in den Schoß der Zofe, die nicht in einem abgeschlossenen Garten, sondern an einem *locus amoenus*, einem lieblichen und naturschönen Ort, das Tier erwartet. Sie schaut in Richtung des Jägers, sodass auch über die Blickregie Dynamik erzeugt wird.

In den hier vorgestellten höfischen Erzählungen wird ein literarisches Wissen um die Dynamiken der Jagd fassbar, das auf die christlich-naturkundlichen Quellen zurückgeht, zugleich aber auch eine gewisse ironische Distanz zur Jagdlist ermöglicht. Ob man das Einhorn tatsächlich finden kann, spielt dabei gegenüber anderen Formen des Begehrens, das die menschlichen Jägerinnen und Jäger antreibt, eine untergeordnete Rolle.

Das erklärt vielleicht, warum auch in anderen höfischen Erzählungen Beutetiere unvermittelt auftauchen und wieder verschwinden, die vielleicht auch gar keine Einhörner sind – wer weiß das schon so genau, wenn sie sich doch ihren Jägern permanent entziehen? Der Zusammenhang von Jagd und Liebe wird auch in Gottfrieds von Straßburg Roman *Tristan* aufgenommen und in besonderer Weise ästhetisiert. Im Zentrum steht die tragische Dreiecksgeschichte zwischen dem jungen Tristan, seinem Onkel Marke und der Königstochter Isolde. Tristan wird von Cornwall nach Irland geschickt, um für seinen Onkel um die schöne Jungfrau zu werben. Auf der Überfahrt verlieben sich die beiden aufgrund eines Liebestranks unsterblich ineinander und beginnen ein Verhältnis. Das führt zunehmend zu Gerede am Hof. Marke versucht wiederholt, den beiden auf die Schliche zu kommen. Das gelingt ihm nicht, aber da er unter dem Ehrverlust durch das Gerede leidet, verbannt er sie schließlich vom Hof. Das Liebespaar zieht sich in die Einsamkeit des Waldes in eine Höhle – die berühmte Minnegrotte – zurück. Hier führen die beiden eine paradiesische, von allen existenziellen Zwängen befreite Existenz und gehen jeden Tag ›nur um der Kurzweil willen‹ auf die Jagd, ohne auch nur einen Gedanken an Beute oder Nahrung zu verschwenden.

König Marke dagegen trauert, denn der Verlust von Ansehen und Frau (in dieser Reihenfolge) bereitet ihm schweren Kummer. »So ritt er in diesen Tagen / in eben jenen Wald zur Jagd / mehr aus Traurigkeit / als zum Vergnügen. / Als sie in den Wald kamen, / nahmen die Jäger ihre Hunde / und störten ein Rudel Wild auf. / Da ließen sie die Meute los. Sogleich trennten die Hunde / einen wunderbaren Hirsch [*einen vremeden hirz*] von den übrigen. / Er hatte eine Mähne wie ein Pferd, / war stark und groß und weiß, / mit kleinem kurzem Geweih [*daz gehürne cleine unde unlanc*], / kaum nachgewachsen, / als ob er es abgeworfen hätte / erst vor kurzem. Den jagten sie um die Wette / und mit aller Kraft gemeinsam, / bis es Abend wurde. / Da verloren sie seine Fährte, / so daß der Hirsch entkam / und dorthin flüchtete, / woher er gekommen war, / auf die Grotte zu.«[32]

Im Mittelhochdeutschen kann der Begriff *gehürne* beides bedeuten, Geweih oder Horn, doch weist die Kollektivbildung *ge-hürne* (ähnlich wie »Gebirge«) darauf hin, dass hier mehrere Hörner gemeint sind. Es geht an dieser Stelle aber gar nicht so sehr darum, ob es sich bei dem begehrenswerten Beutetier nun um einen wundersamen Hirsch oder ein Einhorn handelt. Wie oben schon deutlich wurde, lenkt die Suche nach dem besonders auserlesenen Tier den Jäger nämlich auf unbekannte Wege, und häufig findet er etwas, das er zu Beginn der Jagd gar nicht im Sinn hatte. Statt des Hirsches findet Marke die Minnegrotte, in der Tristan und Isolde sich von der Jagd ausruhen. Durch ein kleines Fenster in der Kuppel der Grotte beobachtet er sie. Der

Lärm der Hörner und Hunde hatte die beiden zuvor bereits aufgeschreckt, daher liegen sie nicht zu nahe beisammen und sind durch ein Schwert getrennt, das Tristan dort platziert hat. Ausführlich schildert Gottfried von Straßburg nun den Anblick, der sich Marke bietet, und die widersprüchlichen Gefühle, welche die Schönheit von Isoldes leicht errötetem, von der in die Grotte einfallenden Sonne »wie eine mehrfarbige Rose«[33] überglühtem Antlitz in ihm auslöst. Auch dieses »vremede tier« ist für ihn unerreichbar, und Markes Jagd geht zu Ende, ohne dass er Beute gemacht oder seine Traurigkeit abgestreift hätte: »Er bat den barmherzigen Gott, sie [d. i. Isolde] zu schützen, / und ging weinend fort. / In tiefer Trauer / kam er wieder zu den Hunden zurück. / Er brach seine Jagd ab. / Sogleich ließ er die Jäger mit den Hunden / nach Hause zurückkehren. / Das tat er nur deshalb, / damit niemand anders dorthin käme / und sie bemerkte.«[34]

Die Passage wird aus Markes Perspektive geschildert und stellt somit nicht das »Einhorn«, sondern den erfolglosen Jäger ins Zentrum: Es geht um die Gefährdung, in die ihn die Suche nach dem Beutetier bringt, und das (erneute) Liebesleid, das ihm daraus erwächst. Gottfried von Straßburg bringt insgesamt viel Sympathie für den betrogenen Marke auf; ebenso wie aus der Jagd erwachsen auch aus der Dreiecksbeziehung immer wieder unvorhergesehene Dynamiken.

Ein geschnitztes Elfenbeinkästchen aus dem 14. Jahrhundert verbindet Motive aus dem *Tristan* mit der sakralen Einhornjagd und parallelisiert diese Dreiecksbeziehung visuell: Im linken Bildfeld ist eine weitere berühmte Szene aus dem *Tristan* zu sehen: Tristan und Isolde haben sich – sie leben zu diesem Zeitpunkt noch am Hof König Markes – heimlich in einem Baumgarten verabredet. Marke hat sich in einem Ölbaum versteckt, um den beiden auf die Schliche zu kommen, doch Tristan entdeckt seinen Schatten in der Spiegelung der Quelle, die dort entspringt (der ganze Ort spielt auf das Paradies und den Sündenfall an). Auch Isolde bemerkt den Schatten, und ohne sich vorher absprechen zu müssen, führen die beiden Liebenden Marke über die wahre Natur ihrer Beziehung hinters Licht. Isolde nämlich adressiert nun sehr geschickt Marke, indem sie zu Tristan spricht und ihm sagt, sie leide unter Markes großem Argwohn, denn sie habe doch niemals einen anderen Mann geliebt als den, der ihr die Jungfräulichkeit genommen habe. Das ist aber – wie wir wissen, aber Marke nicht ahnt – Tristan und nicht sein Onkel gewesen. Die beiden führen ihre Scharade so geschickt weiter, dass Marke anschließend ganz beschämt darüber ist, wie er den beiden jemals Untreue unterstellen konnte.

Was hat das alles nun mit den Einhörnern zu tun? Auf dem Elfenbeinkästchen zeigt Tristan auf der linken Seite Isolde gestisch an, dass sie sich nicht verraten dürfen, indem er mit der einen Hand nach unten auf die Spiegelung von Markes Haupt, mit der anderen nach oben in den Baum deutet. Mit dieser Darstellung korrespondiert die etwas größer dargestellte Szene rechts – eine sakrale Einhornjagd – im Bildaufbau: Ein höfisch gekleidetes Paar – Mann links, Frau rechts – beugt sich über einen dritten Akteur, sodass der betrogene Marke (bzw. seine Reflexion im Wasser) mit dem Einhorn parallelisiert erscheint. Der runde Spiegel, den die Jungfrau rechts in ihrer Hand hält, nimmt das Motiv der Reflexion Markes im linken Bildfeld auf; in manchen Erzählungen taucht ein solcher Spiegel auch als Mittel auf, um damit das neugierige Einhorn anzulocken.

Versteht man die beiden auf dem Elfenbeinkästchen dargestellten Szenen als Bildfolge, dann arbeiten die beiden Liebenden links zusammen, um den ausgeschlossenen Dritten zu täuschen. Auch im rechten Bildfeld sind Jäger und Jungfrau durch Blicke und Gesten auf denselben Punkt bezogen – als ob sie ge-

Elfenbeinkästchen mit Darstellungen zu *Tristan* und der Einhornjagd (zwischen 1330 und 1350), Walters Art Museum, Baltimore (USA)

meinsam das Einhorn erlegen würden. Nimmt man die beiden Felder zusammen, erscheint im Bildprogramm der betrogene – gehörnte – Ehemann als das eigentliche Opfer. Für diese Lesart ist der religiöse Hintergrund der sakralen Einhornjagd bestimmend, aber er tritt zurück vor dem Zusammenhang von Liebe und Jagd.

Dieser neue Kontext der Einhornjagd steht in Zusammenhang mit populären Darstellungen von »Weiberlist«, also Motiven und Erzählungen, in denen die armen Männer zum Opfer listiger, skrupelloser Frauen werden, weil sie ihrer Anziehungskraft verfallen, etwa die Erzählung von Samson und Delilah oder von Aristoteles und Phyllis. Indem die Rolle der Jungfrau infrage gestellt wird (ein gewisses Misstrauen in dieser Beziehung deutete sich ja bereits bei Rudolf von Ems an), kann auch die sakrale Einhornjagd in diesen Deutungszusammenhang einrücken. Dabei verschiebt sich das Mitempfinden auf den Mann als Einhorn, der sich von der Jungfrau betören lässt.

In Wolframs von Eschenbach Roman *Parzival* etwa tritt als eine der interessantesten Nebenfiguren die schöne Orgeluse auf. Alle Männer, die ihr verfallen, spannt sie für ihren Rachefeldzug ein. Diese sollen den Ritter Gramoflanz zum Kampf herausfordern, denn er hat in einem Zweikampf ihren Geliebten Cidegast getötet, den sie nicht vergessen kann. Wolfram bezeichnet Orgeluse explizit als »Lockspeise der Liebe«[35], wenn er beschreibt, wie der edle Artusritter Gawain ihr verfällt.

Als Orgeluse ihm gegenüber von ihrem verstorbenen Mann Cidegast spricht, vergleicht sie diesen mit einem Einhorn: »An Treue dem Einhorn gleich war dies Ideal von einem Mann, das ist die Wahrheit. Alle Jungfrauen sollten dies Tier beklagen, denn ihm wird zum Verhängnis, daß es die Reinheit sucht. Ich war sein Herz, er war mein Leib, den ich, vom Schicksal heimgesucht, verloren habe.«[36]

Orgeluse stellt die Treue des Einhorns in den Mittelpunkt und fordert Mitleid mit dem armen Geschöpf. Dabei entgeht ihr vielleicht, und das ist typisch für Wolframs ironischen Blick auf die Liebeshändel der ritterlichen Welt, dass sie ja selbst in gewisser Weise diese »Jungfrau« ist und nicht nur Cidegast, sondern gleich einer ganzen Reihe von Männern zum Verhängnis wird, die für sie in den Kampf gegen Gramoflanz gezogen sind. Orgeluse ist eine faszinierende Figur, die zunächst herrisch und gefährlich wirkt, deren Motive sich uns aber erschließen, indem wir nach und nach die Geschichte ihres tragischen Verlusts erfahren. Nach vielen Widerständen verliebt auch sie sich in Gawain und verheiratet sich schließlich zum zweiten Mal. Aber sie hat eben auch mehrere arme »Einhörner« auf dem Gewissen, die sich für sie geopfert haben.

In diesem höfischen Szenario ist die Jungfrau nicht mehr stummer Köder, sondern Akteurin der Jagd und Mitverschwörerin der »findigen Jägerin Liebe«, wie Richard de Fournival es formuliert. Hier kann der Jäger, also der agile, physisch überlegene Mann, zum Opfer erklärt werden, ohne dass sein ritterliches Ansehen darunter leiden müsste: Er ist der Suche nach Reinheit erlegen und zur Beute der skrupellosen Frauen geworden. Doch wächst er im Minnedienst über sich hinaus und steht zuletzt als überlegen dar. Das wird im *Parzival* an der Darstellung Gawains deutlich, der klaglos erträgt, dass Orgeluse ihn mit Spott und Hohn überschüttet, und sich in zahlreichen Auseinandersetzungen mit anderen Rittern bewährt, was ihm schließlich die Zuneigung der spröden Gräfin einträgt.

Mit diesen spannungsreichen, witzigen Passagen des *Parzival*, die an den Schlagabtausch zwischen Cary Grant und Katherine Hepburn in den Screwball Comedies der 1930er- und -40er-Jahre denken lassen, ist Orgeluse eine der wenigen Frauenfiguren der mittelalterlichen höfischen Literatur, die einen aktiven Part im Jagdgeschehen erhält. Weit häufiger wird von männlichen Erzählern und Sprechern das immense Leid artikuliert, das die Suche nach Reinheit und Liebe den armen Männern einträgt.

Diese Position ist insbesondere mit der lyrischen Gattung des Minnesangs verbunden, der Worte für das Liebesleid und Nachdenken, das es auslöst, findet. Anders als Orgeluse, die wir im Laufe der Erzählung besser verstehen lernen, bleibt die Minnedame hier eine Projektion, ein stets abweisendes Gegenüber, das nicht nur positive Gefühle beim Sänger auslöst. Burkhard von Hohenfels hat das in diese Worte gefasst:

Das Einhorn gibt im Schoß der Jungfrau
für die Reinheit sein Leben hin.
Diesem Wild tue ich es gleich,
denn eine reine gesegnete Frau
hat mich zugrunde gerichtet;
für meine Treue –
große Reue soll sie dafür erfahren.[37]

Wo von der Einhornjagd die Rede ist, das wurde deutlich, wird in den höfischen Texten immer auch von etwas anderem gesprochen: von Männern und Frauen, von Begehren und Angst, Gefahr und Verletzung. Dass dabei nie ganz klar ist, wer wem die tödliche Verwundung zufügt – wer jeweils das leidende und wer das handelnde Tier ist –, macht nicht zuletzt auch den Reiz dieses Motivs aus. In den Kapiteln 1 und 2 haben wir gezeigt, dass die religiösen Auslegungen der einzelnen Tiere zahlreiche Deutungspotenziale eröffnen. Das wird in der höfischen Welt auf andere Bedeutungsebenen übertragen, wobei man den Auslegungsverfahren der Allegorese durchaus verpflichtet bleibt.

Besonders deutlich wird dies am *Liebesbestiarium* (*Le bestiaire d'amour*), das der französische Gelehrte und Bibliothekar Richard de Fournival um 1250 verfasst hat und das im Rahmen der mittelalterlichen Tierliteratur einzigartig ist. Formal orientiert sich Richard an den Bestiarien als Sammlungen christlich-naturkundlichen Wissens, die wir im zweiten Kapitel kennengelernt haben. Wie im *Physiologus* werden hier die Eigenschaften zugrunde gelegt, die in den antiken Naturkunden überliefert wurden. Das *Liebesbestiarium* soll aber nicht nur der Erbauung dienen, sondern widmet sich den vielfältigen Spielarten der Liebe, indem sich der Sprecher mit verschiedenen Tieren gleichsetzt und ihre Eigenschaften in Bezug auf die Liebe und sein Verhältnis zu seiner Angebeteten ausdeutet. Dabei führt er mal in assoziativer Reihung Verhaltensweisen der Tiere auf und vergleicht sie mit den Menschen, mal nimmt er, wie in der religiösen Dichtung, die Eigenschaften der Tiere zum guten oder schlechten Beispiel.

Einen argumentativen Bogen bildet die Reflexion der fünf Sinne und ihrer Bedeutung für die Liebe: Denn es ist das Zusammenspiel aller Sinne, das den Mann zu Fall gebracht und »eingefangen« hat. Wieder wird der Anschluss deutlich, den die Jagd ermöglicht, denn Richard nimmt den Ausgangspunkt für sein Nachdenken über das Einhorn im Geruchssinn und bezieht sich damit auf ein Motiv, das uns bei Johannes Tzetzes schon begegnet ist: dass der süße Duft der Jungfrau das Einhorn anlockt und dazu bringt, in ihrem Schoß einzuschlafen. Die Betörung durch den Geruchssinn besitzt in den Naturkunden eine lange Tradition, und auch Richard de Fournival beginnt die Passage zum Einhorn mit einem Rekurs auf das Pantherweibchen, dessen Atem so süß ist, dass alle Tiere ihm folgen müssen. Ebenso werde das Einhorn »vom süßen Duft der Jungfräulichkeit«[38] eingeschläfert und dann sogleich von den »findigen Jägern« getötet. Dies setzt Richard in Verbindung zu sich selbst und seinem Verhältnis zu der Dame, an die er seine Schrift richtet: »Auf dieselbe Weise hat die Liebe sich an mir gerächt. Denn ich war der Liebe gegenüber der hochmütigste Mann und dachte, ich sei noch nie einer Frau begegnet, die ich mit ganzer Leidenschaft hätte begehren können, so wie ich es von anderen gehört hatte. Und doch hätte ich gerne eine solche Frau geliebt. Aber die Liebe, die eine findige Jägerin ist, setzte mir eine Jungfrau auf den Weg, deren süßer Duft mich einschläferte. Und ich starb einen Tod, wie ihn nur die Liebe zufügen kann, nämlich durch Verzweiflung, ohne jede Hoffnung auf Gnade. Deshalb sage ich, dass ich durch den Geruchssinn gefangen wurde. Und

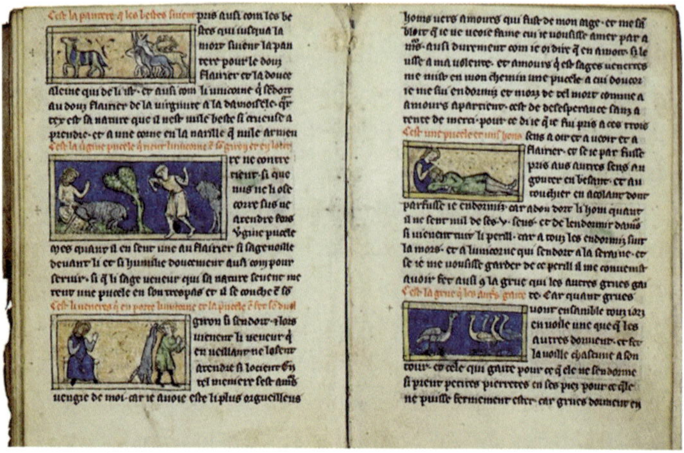

Richard de Fournival, *Bestiaire d'amour*, Paris (ca. 1260)

sie hielt mich auch weiterhin fest durch ihren Duft. So habe ich meinen Willen aufgegeben, um nur dem ihren zu gehorchen.«[39]

Da die Liebe alle Sinne affiziert, durch Hören, Sehen, Riechen sowie den Tastsinn beim Umarmen und den Geschmack beim Küssen, droht von dieser Willenlosigkeit und »Betörung durch die Liebe« Lebensgefahr: »Denn auf allen Schlaf folgt der Tod, genau wie beim Einhorn, das im Schoß der Jungfrau eingeschlummert ist, oder wie bei einem Mann, der von der Sirene betört wird.«[40]

Zu dieser Auslegung der Einhornjagd durch Richard de Fournival findet sich eine Bilderserie in einem Kodex, der etwa 1260, also kurz nach Entstehung des Werks, angefertigt wurde. Die Doppelseite zeigt zunächst das Pantherweibchen, das mit seinem Duft die anderen Tiere in Verzücken versetzt, dann eine Jagddarstellung, in der das Einhorn sich im Schoß der links sitzenden Jungfrau zusammenrollt. Von rechts läuft der Jäger in Richtung des Paares und stößt dem Einhorn mit erhobenen Armen einen Speer in die Seite. In der nächsten Abbildung trägt der Jäger rechts im Bild das tote Einhorn weg, das über seiner Schulter liegt. Er blickt über seine rechte Schulter zurück auf die Jungfrau, die – hier blau gewandet – die Arme erhoben hat. In der nächsten Abbildung auf der Seite gegenüber liegt der Mann auf der Seite, den Kopf in den Schoß der Jungfrau gebettet, die mit der rechten Hand über seine Haare streicht. Die Identifikation von Mann und Einhorn wird nicht nur im Text benannt, sondern auch ins Bild gesetzt. Mit dem letzten Bild wird deutlich, dass es, wenn vom Einhorn die Rede ist, in Wirklichkeit um den liebenden Mann geht, der das eigentliche Opfer ist.

Richards »Animalisierung« der Liebe blieb nicht unwidersprochen. Noch im 13. Jahrhundert entstand eine anonyme Schrift *Die Antwort der Dame* (im Frz.: *Li Response du Bestiaire*), die eine weibliche Gegenposition zu Wort kommen lässt. Hier wird interessanterweise nicht das körperliche Begehren Gegenstand der Auslegung, sondern die Sprache selbst und die Gefährdung, die für die Frauen durch die Thematisierung der Liebe und die betörenden Worte der Minnesänger ausgeht. Wir kennen das auch aus sogenannten Frauenstrophen des Minnesangs, die aus einer weiblichen Perspektive zum Beispiel die Sorge vor dem Ehrverlust durch eine illegitime Liebesbeziehung artikulieren. Aus der weiblichen Perspektive der *Antwort der Dame* ist daher das Einhorn nicht das Opfer, sondern das Mittel der Verführung: »[…] ich weiß auch, dass es kein Tier gibt, das man so sehr fürchten müsste wie die süßen Worte, die einen nur täuschen wollen. Und ich bin überzeugt, dass es dagegen keinen Schutz gibt, genauso wenig wie gegen das Einhorn. Bei meinem Glauben, ich habe große Angst vor diesem Einhorn, denn ich weiß doch, dass es keine so schneidende Waffe gibt, wie schöne Worte es sind. Um die Wahrheit zu sagen: Es gibt nichts, was ein festes Herz so wirksam durchbohren könnte wie ein schönes Wort, das trifft und sitzt. Und aus diesem

Grund, lieber Herr und Meister, muss ich wirklich auf der Hut sein, genau wie der Kranich, von dem Ihr gesprochen habt. Denn Eure Worte haben Hände und Füße, und ich habe angeblich keinen Grund, Euch irgend etwas zu verweigern, das Ihr haben wollt.«[41]

Feministische Interpretationen haben eine Frau als Verfasserin dieser *Antwort* vermutet. Es finden sich in dieser Zeit in Frankreich gelehrte, schreibende Frauen, sodass die Möglichkeit durchaus besteht. Viel wichtiger als die Verfasser(innen)frage aber scheint, dass diese *Antwort* so konsequent als Gegenrede gestaltet ist. Man kann sie daher als eine rhetorische Übung lesen, die einen Streitfall verhandelt, also in Rede und Gegenrede unterschiedliche Positionen vorstellt. Der Kasus wäre hier die Frage, wen die Konsequenzen der Liebe härter treffen: den liebenden Mann oder die angebetete Frau? Zu dieser rhetorischen Rahmung passt, dass in der *Antwort der Dame* weniger die Gefährdung durch das körperliche Begehren als vielmehr die Macht der schönen Rede thematisiert wird, welche die schneidende Waffe des Einhorns hier symbolisiert. Die »Jungfrau« im Szenario kann so den Blick auf die Versuchung für die Frau lenken, wenn der liebende Mann so eloquent darüber spricht, wie schmerzhaft die Liebe für *ihn* ist, und sich in seiner Selbststilisierung zum Einhorn eine Opferrolle zuweist. Die *Antwort* ist also weniger eine tatsächliche weibliche Selbstermächtigung als vielmehr ein literarisches Spiel mit unterschiedlichen Deutungsebenen, das – wieder einmal – aus den Dynamiken der Jagd und den vielfältigen Zuschreibungen in Bezug auf die scheue Jagdbeute erwächst.

Anmutig und wild: Das Einhorn in der Heraldik und den Tapisserien des Metropolitan Museum of Arts – The Cloisters

Zur Faszinationsgeschichte des Einhorns gehört auch, dass es uns in so unterschiedlicher Form präsentiert wird. In Kapitel 1 haben wir gesehen, dass aus der Antike die Vorstellung eines Tiers von der Gestalt eines Pferdes oder Esels übernommen wurde. Die religiösen Darstellungen des Mittelalters orientieren sich dagegen meist, wenn auch nicht immer, an der Beschreibung des *Physiologus*, es sei ein eher kleines Tier, das einer Ziege ähnele. Häufig begegnet uns daher auch die Darstellung mit einer zottigen Mähne und einem struppigen Bart. Form und Größe des Einhorns können aber, wie wir schon gesehen haben, sehr variieren. Die moderne Vorstellung eines anmutigen weißen Pferds mit großen Augen scheint davon weit entfernt.

Irgendwo dazwischen bewegen sich diejenigen Einhörner, die uns seit dem 13. Jahrhundert vereinzelt auf Siegeln (etwa der Städte Schwäbisch Gmünd und Giengen an der Brenz) und seit dem 14. Jahrhundert immer häufiger als Wappentiere begegnen. Auch die Heraldik (Wappenkunde) entstand im Zusammenhang mit der Herausbildung einer Adelskultur, der es um Distinktion und Selbstdarstellung geht. Dabei kommt den Wappen die Funktion zu, über Zeichen Zugehörigkeiten (zu einem Herrschergeschlecht, zu einer Stadt oder Region) zu markieren. Bei der Wahl eines Wappentieres spielen also ebenfalls die Symboliken eine Rolle, die mit den einzelnen Tieren verbunden sind.

Die mittelalterlichen und die in Anlehnung daran entstandenen modernen Wappen, die das Einhorn als »gemeine Figur« (also im Schild des Wappens) oder Schildträger führen, stellen es einerseits häufig als edles, in der Regel weißes Tier dar, das Reinheit und Unschuld symbolisiert, aber es gibt auch hier alle

Siebmacher
Einhornfisch

möglichen Ausformungen, bis hin zum wundersamen »See-Einhorn«, das den Kopf und Rumpf eines Einhorns und einen Fischschwanz aufweist.[42]

Um marine Einhörner wird es im nächsten Kapitel gehen. An diesen Mischwesen wird deutlich, dass Wildheit und Unbezähmbarkeit auch heraldisch immer wieder dargestellt werden. Man nehme etwa das Einhorn im Wappen des Vereinigten Königreichs: Das Wappentier Schottlands wurde im 17. Jahrhundert als Schildhalter neben dem englischen Löwen in das Wappen aufgenommen. Es ist ein weißes pferdeähnliches Tier, das mit der gereckten Zunge, dem Löwenschweif und den gespaltenen Hufen auf das wilde Geschöpf aus den antiken Quellen verweist. Als Gegenstück zu dem britischen Löwen soll es die Freiheitsliebe der Schotten repräsentieren, die auch an der Kette deutlich wird, die man dem wilden Geschöpf anlegen muss, um es zu bezähmen.

Die gemeinsame Darstellung von Löwe und Einhorn finden wir auch in der berühmten Serie von Einhorn-Tapisserien im Pariser Musée de Cluny (heute: Musée national du Moyen Âge). Diese großformatigen Bildteppiche aus dem 15. Jahrhundert zeigen verschiedene Szenen des Motivs »Dame und Einhorn«, in denen religiöse Vorstellungen mit allegorischen Bezügen zu den fünf Sinnen verbunden werden. Auch diese höfischen Darstellungen weisen Elemente von Wildheit auf: Das Einhorn hat gespaltene Hufe, eine zottige Mähne und einen Ziegenbart.

Auf den ebenso bekannten Bildteppichen zur Einhornjagd aus dem Metropolitan Museum of Art in New York ist dieser Bart besonders schön onduliert und wirkt fast wie ein modisches Accessoire. Die Tapisserien werden in »The Cloisters« ausgestellt, einer Zweigstelle des Museums, die der mittelalterlichen Kunst gewidmet ist. The Cloisters wurde unter Verwendung von Architekturelementen europäischer Klöster erbaut, auch die kunstvoll angelegten Gärten sind mittelalterlichen Klosteranlagen nachempfunden. Die Einhorn-Tapisserien hat der Großindustrielle und Philanthrop John D. Rockefeller jr. 1923 in Frankreich erworben und nach dem Bau der Anlage 1937 dem Museum geschenkt.

The Cloisters beherbergt sechs großformatige Teppiche sowie zwei Fragmente (Letztere deuten mehr an, als sie zeigen, es handelt sich vermutlich um eine höfisierte Darstellung der Zähmung des wilden Tieres durch eine Jungfrau). Diese Tapisserien thematisieren die Jagd, stehen also in einer ganz anderen Darstellungstradition als die Pariser Serie aus dem Musée de Cluny, die allegorisch auf die fünf Sinne verweist und mit der paarweisen Anordnung von Einhorn und Löwe auch die heraldische Dimension einbezieht. Die New Yorker Tapisserien dagegen inszenieren die Jagd als prachtvolles Spektakel einer vornehmen Hofgesellschaft: Sie zeigen (wir folgen hier der in der Forschung verwendeten Reihenfolge) den Beginn der Jagd (1), dann vier Szenen, in denen eine Gruppe höfisch gekleideter Jäger mithilfe einer Hundemeute das Tier an einem Brunnen aufspürt (2), bis in ein Gewässer verfolgt (3), mithilfe der Hunde treibt und umzingelt (4), schließlich erlegt und an den Hof bringt (5). Hier

Das Einhorn ist gefangen (1495–1505), New York, Metropolitan Museum of Art – The Cloisters

werden die Waidmänner mit ihrer Beute von einem adligen Paar und dessen Hofgesellschaft empfangen. Die letzte Tapisserie (6) zeigt das Einhorn am Leben und, leicht verletzt, in einer hölzernen Umzäunung gefangen, es trägt ein kostbares Halsband und ist mit einer Kette an einem Granatapfelbaum angebunden. Es hat den Kopf und Körper eines Pferdes, aber auch die Attribute von Wildheit, die wir aus der Heraldik kennen: einen buschigen Schweif, gespaltene Hufe und natürlich den anmutig gelockten Ziegenbart. Dieses »Einhorn in Gefangenschaft« ist die wahrscheinlich bekannteste Darstellung des höfischen Einhorns, sie findet sich auf unzähligen Drucken und Kühlschrankmagneten. Auch in den Harry-Potter-Filmen schmückt die Darstellung die Wände einiger Aufenthaltsräume in Hogwarts.

Die Tapisserien wurden Ende des 15. Jahrhunderts in den

südlichen Niederlanden gefertigt, das damals das Zentrum der Teppichwebkunst bildete. Die Serie hat viele Rätsel aufgegeben, insbesondere die Frage, für wen und zu welchem Anlass sie hergestellt wurde. Auf adlige Mäzene verweisen die eingewebten Initialen, sehr häufig begegnet hier das Buchstabenpaar A und E, zusammengebunden mit einer Kordel, etwa am Stamm des Granatapfelbaumes, an den das Einhorn gefesselt ist. Das verweist sehr wahrscheinlich auf ein adliges Ehepaar als Auftraggeber oder Beschenkte. Man hat daher angenommen, dass die Teppiche für eine fürstliche oder königliche Hochzeit angefertigt worden seien.

Ungeklärt ist jedoch, ob die Teppiche überhaupt als zusammenhängende Serie geplant wurden und, falls ja, welche Reihenfolge vorgesehen war. Der Beginn der Jagd (1) und das gefangene Einhorn (6) nämlich weisen andere Stilelemente auf als die übrigen Jagdszenen, vor allen Dingen ist der Hintergrund dieser beiden Stücke mit dem damals sehr populären Muster Millefleurs, also als Blumenteppich, gestaltet, während die vier übrigen Bildteppiche im Hintergrund Landschaftsdarstellungen aufweisen. Wenn man nun aus stilistischen Gründen davon ausgeht, dass die vier zentralen Stücke zur Einhornjagd (2–5) etwas früher entstanden sind, könnte man sie der Hochzeit der Anne de Bretagne mit König Louis XII. von Frankreich zuordnen, die am 8. Januar 1499 stattfand. Die beiden wohl etwas später entstandenen Stücke 1 und 6 könnten anlässlich der Hochzeit von Annes Tochter Claude mit dem französischen König François I. im Jahr 1514 ergänzt worden sein. Will man auf diese Weise alle sechs Tapisserien als zusammenhängende Serie betrachten, wirft allerdings die Abfolge (Beginn der Jagd – Jagd – Rückkehr mit der Beute – das gefangene Einhorn) logische Fragen auf, denn die fünfte Darstellung zeigt das Einhorn tot als Jagdbeute über dem Rücken eines Pferdes hängend, während es

Beginn der Jagd (1495–1505), New York, Metropolitan Museum of Art – The Cloisters

doch auf der sechsten putzmunter, wenn auch leicht blessiert, in seinem Zwinger sitzt.

Ob alle Teppiche zusammengehörten, können wir also nicht rekonstruieren, die Unterschiede in der Darstellung der beiden Untergruppen (1,6 sowie 2–5) erlauben jedenfalls unterschiedliche Deutungsansätze: In den beiden Tapisserien mit Millefleurs-Hintergrund wird offenbar auf das Einhorn als Liebessymbol

Bezug genommen. Der Beginn der Jagd (1) nämlich zeigt gar kein Einhorn, sondern eine Gruppe junger, modisch gekleideter Männer, die sich mit ihren Hunden in Richtung eines Wäldchens auf die Suche nach Beute machen. Oben rechts ist ein Jagdteilnehmer abgebildet, der die Gruppe zu sich und in ein Wäldchen heranwinkt – vielleicht hat er ja die Spur des Einhorns (oder eines anderen scheuen Objekts des Begehrens) aufgenommen wie der Jägermeister im *Wilhelm von Österreich?*

Das lebend eingefangene Einhorn (6) wiederum verweist auf den Zusammenhang von Jagd, Begehren und Zähmung, der uns in Zusammenhang mit der höfischen Liebe schon vielfach begegnet ist. Innerhalb dieses Rahmens lässt sich das gezähmte Tier in Bezug auf die erfüllte Liebe und das Band der Ehe deuten, wobei der Granatapfelbaum die Fruchtbarkeit symbolisieren kann, die man den Vermählten für ihre Zukunft wünscht. Wenn man also der These folgen will, dass die Serie oder Teile davon für eine fürstliche Hochzeit angefertigt wurden, bilden diese beiden Tapisserien zusammengenommen das perfekte Hochzeitsgeschenk!

Dagegen wird das in den Tapisserien 2–5 gezeigte Einhorn erst aufgespürt, dann gejagt und schließlich erlegt – hier stehen der Jagderfolg, und damit eben auch der Tod der Beute, im Vordergrund. Auffällig an dieser Untergruppe ist, dass sie nicht nur von symbolischem Interesse, sondern auch an zeitgenössische Darstellungen der Hirschjagd angelehnt ist. Die Wirkereien bilden Praktiken des Jagens mit Hunden ab, wie sie auch in der Fachliteratur der Zeit beschrieben werden. So vermittelt der berühmte Jagdtraktat des Gaston Phoebus (der aufgrund seiner Schönheit den Beinamen des Gottes Apollon trug), das zwischen 1387–1389 entstandene *Buch von der Jagd* (*Livre de la chasse*), neben gängigen Jagdformen auch detaillierte Kenntnisse zur Haltung, Abrichtung und Pflege von Jagdhunden.

Das Einhorn wird getötet und zur Burg gebracht (1495–1505), New York, Metropolitan Museum of Art – The Cloisters

Von hier aus erklärt sich auch das besondere Augenmerk auf die Hunde: Diese sind ebenso individuell gestaltet und lebendig in der Darstellung wie die menschlichen Jagdteilnehmer. So findet sich unter der Menge der Hofleute, die den erfolgreichen Jägern auf der sechsten Darstellung aus einer Burg entgegeneilen, am rechten unteren Bildrand ein junger Höfling. Mit der Linken hält er einen Jagdhund am Halsband fest, der an ihm hochspringt. In der anderen Hand hält er die Pfote des Tieres.

Die Darstellungen sind voll solcher liebevoller Details, die von den innigen Beziehungen zwischen Menschen und Tieren auf der Jagd zeugen – sie verweisen nicht zuletzt auch auf die

Bedeutung und den großen Wert, den gut abgerichtete Jagdhunde für die Hofgesellschaft besaßen.

Diese großformatigen »Wimmelbilder« schmückten als Wandbehänge die adligen Gemächer und hatten dabei unterschiedliche Funktionen: Sie hielten die kalten Räume warm, dienten der Dekoration und der Selbstdarstellung des Adels. Von Kerzenlicht beleuchtet und sich im leichten Windzug bewegend erhielten die Gruppendarstellungen der Menschen und Tiere bei der Jagd sicherlich eine ganz eigene Lebendigkeit. So dienten sie den Angehörigen des Adels auch zur Unterhaltung, wenn sie die schön gekleideten Jäger und ihre Hunde betrachteten und an ihre eigenen Jagdabenteuer, ihre Erfolge und Misserfolge außerhalb der geschlossenen Räume, draußen in den Wäldern dachten.

Auch in diesem Bildtypus bildet das Einhorn das Zentrum und Objekt des Begehrens, aber die Augen der Betrachter schweifen in den bewegten Gruppendarstellungen auch dann und wann einmal ab zu den Geschehnissen am Rande der Jagd, nehmen die Blicke zur Kenntnis, die einzelne Figuren tauschen (wie die beiden höfischen Damen in der fünften Tapisserie, direkt oberhalb des Jungen mit dem Hund), oder die hübsch gestalteten Pflanzen und Tiere an den Bildrändern und in den Hintergründen, die ihre eigenen Bedeutungen in das Gesamtkunstwerk eintragen.

Wie bei den religiösen Bildteppichen kann das Auge spazieren und sich an einzelnen Details festhalten oder aber der Bilderzählung folgen. Anders als das eindeutig religiöse Bildprogramm der sakralen Einhornjagd, das um das Rahmenthema Jungfräulichkeit organisiert ist, sind hier von vornherein unterschiedliche Interpretationen angelegt.

Wenn wir uns also fragen, in welcher Weise und Reihenfolge die Tapisserien eine Serie bilden, sind damit immer auch Fragen der übergeordneten Deutung verbunden – handelt es sich um

Szenen einer profanen Jagdpartie für den adligen Hundeliebhaber, die Darstellung einer Liebesjagd oder vielmehr der schmerzhaften Passion Christi? Geht es um Liebe und Erfüllung, um Opfer und Tod oder beides – oder um etwas ganz anderes?

So wird wieder einmal deutlich, in welchem Maß die naturkundlichen und religiösen Bezüge auch in diese modernisierte – also in den Augen eines zeitgenössischen höfischen Publikums »moderne« – Darstellung der Einhornjagd eingehen. Dass mit der Erzählung von Jagd, Beute und Erlegung immer auch auf den Opfertod Christi verwiesen werden kann, haben wir schon gesehen. Vor diesem Hintergrund argumentiert der Kunsthistoriker Adolfo Salvatore Cavallo dafür, dass die vier Tapisserien mit den Jagdszenen (2–5), anders als die beiden schon behandelten (1,6), nicht um die Liebe kreisen, sondern das Leiden Christi thematisieren. Er begründet das mit Bildzitaten aus dem Typus der sakralen Einhornjagd, etwa den auf allen Tapisserien wiederkehrenden Jäger, der das Jagdhorn bläst wie Gabriel in den religiösen Darstellungen.

Wenn man eher der pragmatischen Seite zuneigt und sich für die Jagd interessiert, ließe sich das Argument leicht entkräften, denn Hornsignale sind wichtiger Bestandteil der zeitgenössischen Praxis zur Organisation der Jagd – es wäre daher eher auffällig, wenn hier keine Jagdhörner abgebildet wären. Cavallo macht seine Deutung jedoch auch an den dargestellten Pflanzen und ihren Symboliken fest: Im Umfeld des toten Einhorns auf dem fünften Teppich sind etwa Eiche, Weißdorn und Stechpalme dargestellt, die auf die Dornenkrone verweisen. Das Horn des toten Tieres ist zudem mit einer Art Kranz aus dornigen Eichenzweigen am Kopf fixiert, der ebenfalls diese Assoziation aufruft. Wenn wir Cavallos Argumentation hier weiter folgen, erhält auch die höfische Szene, in der das Herrscherpaar die erfolgreiche Jagdgesellschaft empfängt (5), eine religiöse Färbung und verweist zugleich auf die Verkündigung Mariä wie auf den Opfertod Christi: Die adlige Dame, der das tote Tier präsentiert wird, hält in der Linken einen Rosenkranz und zeigt mit der Rechten auf das Einhorn. Damit wird auf das Ave Maria verwiesen, das mit den Worten beginnt, mit denen der Erzengel Gabriel die Jungfrau bei der Verkündigung begrüßt: »Ave Maria gratia plena Dominus tecum« (»Ave Maria voll der Gnade, der Herr sei mit dir«). Der Verweis auf die Verkündigung und Menschwerdung Jesu erfolgt hier also nicht explizit über ein Schriftbanner, sondern subtil über einen Verweis auf die Gebetspraxis der Zeit. Man könnte sogar noch weitergehen und mit Cavallo das adlige Paar selbst als Adam und Eva deuten, die als Jagdherren den Tod des Einhorns durch ihre Sündenlast verschuldet haben und darüber trauern.[43]

Sobald man sich aber auf dieser Spur bewegt und die einzelnen Bildelemente mit dem im Laufe unseres Buches erworbenen Einhornwissen abgleicht, lässt sich die religiöse Dimension der Darstellung kaum noch ausblenden. In der Darstellung der Tötung des Einhorns links oben etwa durchbohren zwei Jäger das Einhorn mit Speeren, und aus der seitlichen Brustwunde scheint das Blut in das Jagdhorn des sich darunter befindenden Jägers zu rinnen, ähnlich wie auf dem Basler Bildteppich Eva das Einhornblut in einem Kelch auffängt. Bei der Präsentation des toten Einhorns im Vordergrund deutet ein Jäger, während er über die Schulter zurück einen seiner Gefährten anblickt, mit dem rechten Zeigefinger auf die Wunde am Hals des Einhorns. Auch dies lässt eine religiöse Deutung zu, denn die Präsentation und Überprüfung der Wundmale Christi spielen in der Passionsgeschichte eine wichtige Rolle, wenn der ungläubige Apostel Thomas die Auferstehung infrage stellt und von Jesus aufgefordert wird, seinen Finger in die Seitenwunde zu legen und sich davon zu überzeugen, dass Jesus wahrhaftig vor ihm steht.

Das Aufspüren des Einhorns (1495–1505), New York, Metropolitan Museum of Art – The Cloisters

Was die Serie vermittelt, lässt sich also nicht auf einen Aspekt reduzieren, aber die religiösen Deutungspotenziale sind, neben der Darstellung der höfischen Festgesellschaft, nicht von der Hand zu weisen. Aber steht diese Festfreude nicht in einem gewissen Widerspruch zur Passion und zum tragischen Tod des Einhorns? In der mittelalterlichen Vorstellungswelt existiert beides parallel, doch was Cavallo im Rahmen seiner konsequent religiösen Deutung der Serie vermisst, ist eine Auferstehungsdarstellung, die den Passionszyklus abrundet und ihm eine hoffnungsvolle Perspektive verleiht.[44]

Vor diesem Hintergrund aber kann man den Blick nochmals auf die zweite Tapisserie richten, die von einem prachtvoll gestalteten Brunnen in der Mitte beherrscht wird (ähnlich wie der versiegelte Brunnen im Zentrum der Basler Bildwirkerei, Kapitel 2). Den oberen Abschluss der marmornen Fontäne bildet ein vergoldeter Granatapfel, aus goldenen Löwenköpfen ergießt sich Wasser in ein Bächlein, das am unteren Bildrand fließt. Unterhalb des Brunnens kniet das makellos weiße Einhorn und taucht sein Horn in das Gewässer. Den Brunnen umgibt eine Hecke, in der sich verschiedene Tiere befinden: ein Paar Hunde, zwei Hasen (vom zweiten, rechts vom Brunnen, sieht man nur das Stummelschwänzchen), ein Hirsch. Auf dem Brunnenrand sitzen ein Paar Fasane und ein Paar Distelfinken. Unterhalb des Bächleins ruhen ein Paar Löwen, ein Panther, eine Ginsterkatze und eine Hyäne. Die Gruppe der Jäger steht im Halbkreis außerhalb der Hecke, sie stehen auf das Zentrum hin ausgerichtet, blicken aber einander an und scheinen miteinander zu sprechen, einige zeigen in das Zentrum der Einhegung. Der Jäger links außen, er trägt ein Jagdhorn und führt einen einzelnen Hund an einer Leine, blickt nach rechts oben auf die Gruppe der Jäger und deutet auf das Einhorn.

Da dieses hier unverletzt dargestellt wird, während es auf den übrigen Tapisserien aus verschiedenen Wunden blutet, wird diese Tapisserie in der Regel als »Das Aufspüren des Einhorns« bezeichnet und an den Anfang der Serie (2–5) gestellt. Cavallo deutet den Jäger links sogar als Judas, der Christus an seine Häscher verrät (das hat durchaus seinen Halt in der *Physiologus*-Tradition, dort begegnet uns immer wieder die Deutung der Jäger des Einhorns als Juden, denen im christlichen Mittelalter die Schuld an Jesu Tod gegeben wurde).

Diese Deutung als Auftakt zum Martyrium (das die roten Kohlrosen hinter dem Einhorn symbolisieren) steht aber in einem gewissen Widerspruch zu der insgesamt friedvollen, heiteren Darstellung, die zahlreiche Bezüge auf das Paradies aufweist: Der von der Hecke wie ein Garten umgrenzte Bereich präsentiert sich uns als ein lieblicher Ort (lat. *locus amoenus*), der zugleich naturschön *und* kultiviert erscheint. Hier liegen die wilden und die zahmen Tiere beisammen wie Wolf und Lamm am Ende der Zeiten in der Prophezeiung des Jesaja.[45] Die Tierpaare verweisen eventuell auch auf die Arche Noah, in jedem Fall aber wird der heilsgeschichtliche Bezug, der uns in der Darstellung von Tobias Stimmer begegnet ist, hier ebenfalls aufgenommen: Mit seinem Horn befreit das Einhorn das Wasser vom Gift und rettet die Tiere. Sehr deutlich wird das Einhorn mit Christus gleichgesetzt, aber es wird eben nicht nur auf die Passion verwiesen, sondern zugleich auch auf die Auferstehung und Erlösung von der Erbsünde.

Das Szenario zeigt auch Wirkung auf die Welt der Menschen jenseits des paradiesischen Gartens: Alle Jagdteilnehmer haben die Waffen gestrichen und ihre Speere über die Schultern gelegt, deren Spitzen nach außen zeigen. Anders als in den übrigen Jagdszenen ist die Darstellung hier nicht bewegt und dynamisch, sondern beruhigt und geradezu kontemplativ: Folgt man den Blicken der Jäger, wird man zunächst im Kreis um den Garten herumgeleitet, folgt man den Blickachsen der Gesten und Speere, endet man in seinem Inneren und betrachtet den Ursprung der Welt in der höfisch kultivierten Form des künstlichen Brunnens. Am Ende sind wir wieder am Anfang – und am Anfang der Schöpfungsgeschichte – angekommen.

Wenn man in der Darstellung der blutigen Einhornjagd also eine insgesamt hoffnungsvolle Perspektive vermisst, kann man auf der zweiten Tapisserie durchaus fündig werden. Ob die Darstellung den Beginn oder den Abschluss der Jagd bildet, ist dafür vielleicht gar nicht so entscheidend, denn die religiöse

Zeitordnung von Anfang und Ende, Tod, Auferstehung und Erlösung erlaubt Formen der Zyklusbildung, in denen der Tod des Einhorns nicht das Ende bedeuten muss. Zum Abschluss der Jagd hängt es zwar tot über dem Sattel, aber von dort aus kann der Weg ins Gehege und die süße Fessel der Liebe führen – oder in ein befriedetes Tierparadies, das frei vom Gift der Sünde ist.

Wie auch schon bei den anderen Darstellungen sind beide Lesarten in der Einhornjagd angelegt – und wird hier erneut deutlich, warum gerade der Jagd so große Bedeutung für die Selbstdarstellung der mittelalterlichen Adligen zukommt. Die Suche nach dem scheuen, wilden Einhorn zeigt sich auch als Auseinandersetzung mit der eigenen Wildheit. Die höfische Kunst entwirft die der mittelalterlichen Adelskultur eingeschriebene Spannung von Animalität und Disziplin in paradiesischen Szenarien, die verdeutlichen sollen, dass aus der Bezähmung des Wilden Kultiviertheit und Schönheit erwachsen.

Kapitel 4

Träume, Walstoßzähne, Knochen und Gift: Das Ende des Einhorns in der Frühen Neuzeit?

Wie die jahrhundertelange Erfolgsgeschichte des Einhorns, die wir in den vorangegangenen Kapiteln kennengelernt haben, in ihre entscheidende Krise geraten konnte, zeigt uns ein isländischer Schriftsteller, Sjón, in seinem Roman *Das Gleißen der Nacht*. Sjón, der Björk viele ihrer Texte geschrieben hat, schildert in diesem Werk die konfliktreiche Biografie eines isländischen Gelehrten, der wirklich gelebt hat, Jón lærði Guðmundsson, Jón Guðmundsson, der »Gelehrte«. Wie kaum ein isländischer Zeitgenosse des frühen 17. Jahrhunderts hatte Jón, wie Sjóns Roman zeigen kann, zwischen den Welten gelebt, der Universität Kopenhagen und seiner isländischen Heimat. Hatten sich Professoren an der mechanistischen Wissenschaft, die langsam im Entstehen war, und ihrer aufklärerischen Naturphilosophie orientieren wollen, so sah die Welt in Island in weiten Teilen noch ganz anders aus. Hier stand die Existenz von Naturgeistern und Elfen ebenso zweifelsfrei fest wie die der Wiedergänger aus dem Totenreich, derer man sich zu erwehren hatte. Jón hatte die *Edda* ebenso studiert wie Plinius, hatte Exorzismen parat und auch ein Skizzenbuch, um Seevögel zu zeichnen, doch hatte er für seinen unfreiwilligen Schlingerkurs zwischen den Mentalitäten und Epochen einen hohen Preis bezahlen müssen, Armut und die Verachtung vonseiten des lutherischen Klerus in Island. Einen Beschützer hatte der »Gelehrte« dagegen im dänischen Universalgelehrten Ole Worm gewinnen können. Ob die von

Sjón geschilderte Szene stattgefunden hat, wissen wir nicht mit Sicherheit, doch fasst sie in einem guten Bild zusammen, wie die lange Abschreibetradition der Naturkunde auf Erfahrungswissen und isländische Cleverness gestoßen sein könnte, um im Ergebnis das Ende der Einhörner einzuläuten.

Jón, der im Roman den Namen Jón Palmasson trägt, nimmt im »Museum«, der naturkundlichen Sammlung des dänischen Gelehrten, an einer Präsentation der Kostbarkeiten der Kollektion teil, deren Bedeutung mit Studenten diskutiert wird. Als Höhepunkt wird unter gediegenen Sicherheitsvorkehrungen das Horn eines Einhorns von seiner Umhüllung befreit. Statt wie üblich nur das lange, gemaserte Horn des seltenen Tiers vorzulegen, steckt dieses Horn jedoch noch in den Resten eines Schädels. Wie ein Pferd sieht es nicht aus. Auch Jón prüft das kostbare Exponat gründlich, dann bricht er, wie Sjón schreibt, in schallendes Gelächter aus, ja er wälzt sich zur allgemeinen Irritation der Umstehenden und des Wachpersonals vor Lachen auf dem Boden. Ole Worm beugt sich zu ihm und lässt sich in den Gedankengang seines Kollegen einweihen, dann kann auch er vor Lachen nicht mehr an sich halten. Die Zweifel, die Worm schon lange an der Natur der teuren Hörner, die in ganz Europa in Gold aufgewogen wurden, gehegt hatte, bewahrheiteten sich in diesem Moment. Bei den Hörnern, die landaus, landein als Heilmittel gegen Gift geschätzt wurden, handelte es sich in Wahrheit um die Stoßzähne eines Narwals. Einem der erfolgreichsten Mythen Alteuropas war, wie es schien, die Grundlage entzogen worden.

Ein Tier hinter all den Tieren: Frühneuzeitliche Blicke auf das antike Material

Mit dem Beginn der Periode, die man in westlicher Perspektive gerne die Frühe Neuzeit nennt, erhielten die großen Naturkundler, die nun auch Zugriff auf die griechischen Überlieferungen hatten, die Möglichkeit, die Mehrzahl der hier genannten Zeugnisse zu sichten und auch zu systematisieren. Sofort muss ihnen aufgefallen sein, wie unterschiedlich die Berichte der antiken Autoren ausgefallen waren. Die wesentlichen Probleme benennt hier der italienische Naturkundler und Mediziner Giovanni Emiliani in seiner *Naturgeschichte der Wiederkäuer* im Jahre 1584. Handelte es sich bei den Einhörnern um Esel, um Ziegen oder doch um pferdeartige Tiere? Und waren die Hörner, die in Europa inzwischen erhebliche Verbreitung gefunden hatten, wirklich das ideale »Alexipharmakon«, das universale Heilmittel, von dem schon Ktesias gesprochen hatte? Großgelehrte wie Girolamo Cardano bekräftigen zunächst vor allem die Existenz der Einhörner. Das Tier, so der Italiener im Jahre 1559, war ein *animal rarum*, also denkbar selten; es besaß die Größe eines Pferdes mit einem Horn von drei Ellen.[46] Sein Hals war nur kurz, eine Mähne trug das Tier nur gelegentlich. Dazu zählte das Einhorn, wie Cardano insistiert, anders als das gewöhnliche Pferd zu den Paarhufern. Mit dem gewöhnlichen Rhinozeros besaß es, vom Horn einmal abgesehen, dagegen keine Gemeinsamkeiten.

Der Schweizer Konrad Gesner, der vielleicht wichtigste Zoologe der Frühen Neuzeit, geht in dem Teil seiner zunächst lateinischen *Historia animalium*, der sich den Vierfüßlern widmet, im Jahre 1551 sehr ausführlich auf das *monoceros* ein, das Einhorn im eigentlichen Sinne. Da Gesners Werk 1563 als *Thierkunde* auch in deutscher Sprache erscheinen konnte, hatte der

Schweizer für eine ganze Generation von Verfassern vergleichbarer Bestiarien eine Art Grundlagenartikel vorgelegt, der fortan beharrlich ausgeschlachtet wurde. Gesner zeigt uns, wie sehr man sich ab etwa 1500 darum bemühte, in der schwirrenden Fülle des greifbaren Materials Ordnung zu schaffen, eine Ordnung, die vor allem das reale Vorhandensein der Tiere noch einmal untermauern sollte. Dass die vielen Beschreibungen, was Farbe, Gestalt, Größe und Verhalten der Einhörner betraf, stark voneinander abwichen, kann auch Gesner nicht leugnen. Trotzdem musste es von Anfang an dasselbe Tier gewesen sein, das, wie in Kapitel 1 gesehen, Plinius, Aelian, Philostrat, aber auch Manuel Philes und der *Physiologus* umrissen hatten. Die gehörnten Esel mochten, so Gesner etwas vorsichtiger, vielleicht nicht völlig mit dem Einhorn identisch gewesen sein, doch waren sie zweifelsohne eng mit diesem verwandt. *Nicht* mit dem Einhorn aufgerechnet werden durften dagegen Bergziegen und die eleganten, doch mit zwei Hörnern ausgestatteten Oryxantilopen und vor allem das Nashorn. Als Rhinozeros erhält es bei Gesner einen eigenen Artikel und zugleich eine Illustration von Albrecht Dürer, die jede Verwechslungsgefahr dauerhaft beseitigen sollte. Der Schweizer weiß auch um die kuriosen Jagdvorschläge des Johannes Tzetzes, die wir in Kapitel 1 kennengelernt hatten, doch gesteht er ihnen im Unterschied zu vielen Zeitgenossen nur wenig Glaubwürdigkeit zu. Die Spekulationen des Byzantiners waren schlicht zu jung, um allzu viel an Autorität einfordern zu können. Und die vom *Physiologus* vorgebrachte Jungfrau, das eigentliche Lockmittel, dessen Reichweite wir hinreichend verfolgen konnten? Dass der Schweizer für sie als Zeugin nur ein eher obskures italienisches Wörterbuch, verfasst von Francesco Aluno, zur Hand hat, zeigt, dass er an den mittelalterlichen Überlieferungen nicht das geringste Interesse hatte. Weitaus ausführlicher geht Gesner dagegen auf die schon von

Ktesias begründete medizinische Verwendbarkeit der Hörner und ihre giftlösende Kraft ein.

Ulysses Aldrovandi, der nach Gesner im 16. Jahrhundert die umfangreichste Naturkunde (postum erschienen erst 1616) zu Papier brachte, hält es wenig anders als Gesner. Auch Aldrovandi, Professor zu Bologna und selbst Begründer einer gewaltigen zoologischen Sammlung in seiner Heimatstadt, der den wohl umfangreichsten Katalog von antiken Einlassungen zu unserem Tier bereithält, hat keinen Zweifel, dass die gehörnten Kreaturen aus der antiken Zoologie zum Ende auf eine einzige Spezies zurückzuführen waren, mochten sie auch in ihrem Erscheinungsbild denkbar vielseitig daherkommen. *Unicornu dari*: Es gab das Tier![47] Zwei wichtige Dinge kamen hinzu. Nicht nur in der Antike waren die Einhörner beobachtet worden, man traf sie noch immer an. Marco Polo hatte auf seiner Reise zum Großkhan Einhörner gesehen, auch wenn sie in seiner Beschreibung nicht zur Gänze, wie Aldrovandi zugeben muss, mit den antiken Berichten übereinstimmten und eher wilden Rindern glichen. Der portugiesische Mediziner Garcia del Orta, der einige Jahrzehnte vor Aldrovandi in den portugiesischen Kolonien Südindiens gewirkt hatte, berichtete von Einhörnern, die man in Südafrika am Kap der Guten Hoffnung hatte ausfindig machen können. Und ein Siebenbürger, der zum Islam konvertiert war und vorher den Namen Markus Scherer getragen hatte, hatte sich sogar in Gegenwart von Kaiser Maximilian gerühmt, in Abessinien eine ganze Herde von Einhörnern zu Gesicht bekommen zu haben. Und zum Zweiten: Längst hatten, wie Aldrovandi schreibt, die Hörner der Tiere Eingang in die großen Schatzkammern und Mirabiliensammlungen der europäischen Fürstenhöfe gefunden, in Rom, Venedig, Straßburg oder Paris, längst hingen auch in den Kunstsammlungen der Kirche und Aristokratie Gemälde der Tiere, die das allgemeine Interesse noch weiter angefacht hatten. Zwei der Hörner, aus dem Besitz des Herzogs von Mailand und des polnischen Königs Sigismund, druckt der Bologneser als Zeichnung ab. Unklar war vor allem, so Aldrovandi, ob die Hörner der Tiere wirklich den therapeutischen Nutzen entfalten konnten, den man ihnen seit jeher nachsagte. Man wog es in Gold auf, wie der Mann aus Bologna unterstreicht, und brachte das Horn als Antidot gegen jede Form von Vergiftung zur Anwendung. Mehr noch, hielt man das Horn nur in Wasser, das mit Gift versetzt war, begann dieses regelrecht zu kochen, wenn man den Augenzeugen vertrauen konnte. Aldrovandi, der trotz der Einhörner kein leichtgläubiger Mensch war, notiert diese Erfolgsmeldungen mit einer gewissen Skepsis.

Das Einhorn als Wundermittel der Frühen Neuzeit

In gewisser Weise hat Sjóns wunderbarer Bericht das Ende der Einhörner auf den Punkt gebracht. Tatsächlich war die Angelegenheit, wie so oft, etwas komplizierter und sie verdient eine genauere Betrachtung. Zwei Fragen waren deutlich voneinander zu trennen. Gab es Einhörner und waren die markanten elegant geformten Hörner, die in den Wunderkammern und Apotheken Europas verwahrt wurden, ihnen zu verdanken? Und zum Zweiten, waren die Hörner gerieben oder in einem Trank verabreicht oder womöglich sogar selbst zu Gefäßen verarbeitet, ein Antidot gegen Gift oder imstande, zum Beispiel Fieber zu senken? Auch wenn der therapeutische Charakter des Horns stark von der Aura und dem mythischen Kapital des pferdeartigen Wesens zehrte, musste er nicht zwangsläufig mit ihm deckungsgleich gewesen sein. Wir werden sehen, dass auch die Narwalstoßzähne noch immer vom Glanz der Tiere profitieren konnten, ja, mehr noch, auch andere Objekte in den Dunstkreis ihres mythischen Erfolges gerieten.

Zunächst schien die Glorie der Einhörner sich durch die geografische Erschließung neuer Regionen noch zu vermehren. So wie Marco Polo im 13. Jahrhundert die Tiere gesehen haben wollte, taten es ihm viele Reisende des 16. Jahrhunderts gleich. Die Verteidiger der Einhörner sollten diese Berichte in immer wieder gleicher Reihenfolge wiederholen. Der italienische Reisende Ludovico de Varthema hatte ein Einhorn an der arabischen Küste auf seiner Reise nach *Arabia felix* beobachten können und sogar zwei Exemplare, die man in der Nähe von Mekka in einem Pferch eingeschlossen hatte. Die Hörner waren, so der Italiener, gewiss bei dem einen Exemplar zwei Ellen lang gewesen und drei Ellen bei dem anderen. Auch sonst entsprachen die Tiere, wie es schien, durchaus den seit der Antike weitergetragenen Beschreibungen. Alvise Cà da Mosto, der Heinrich den Seefahrer auf seiner Expedition begleitet hatte, wusste ebenfalls davon zu berichten, dass die Tiere in Afrika lebend gefangen wurden. Zwei Verfasser von Pilgerberichten ins Heilige Land, Bernhard von Breytenbach und Felix Fabri, hatten das Einhorn vor allem für den deutschsprachigen Raum beglaubigt. Fabri hält die Kreatur, die ihm auf dem Sinai begegnet, zunächst für eine Art Kamel, doch sein einheimischer Begleiter bekräftigt ihm, es handele sich um ein Einhorn. Das Horn des nicht allzu großen, pferdeartigen Tiers war, wie es heißt, vier Fuß lang. Der Reisegesellschaft, deren Erwartungshaltung scheinbar bedient werden sollte, wird im Anschluss sogar noch bestätigt, was wir in den vorangegangenen Kapiteln gelernt hatten, nämlich dass nur eine Jungfrau dieses wilde Tier besänftigen könne und man sein Horn in Diamanten aufwiegen würde. Breytenbachs Einhorn war, wie die Pilger feststellen, nicht viel größer als ein Kamel. Die Abbildung der Kreatur in der »Thiertafel«, die der bekannte nie-

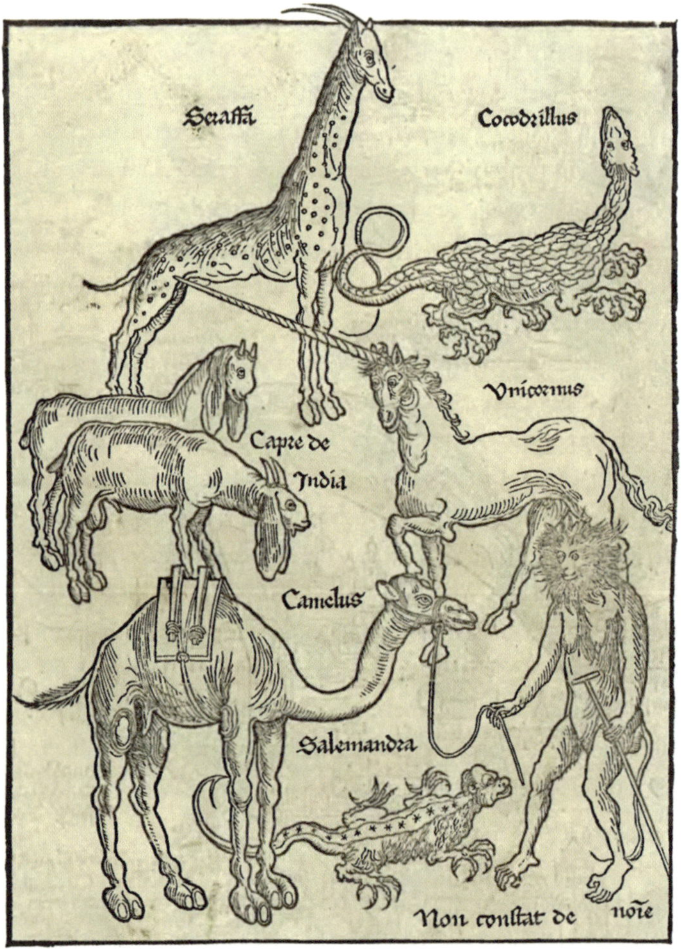

Bernhard Breytenbach, Peregrinatio in Terram Sanctam, Mainz 1486, Thiertafel, ohne Seitenzählung, von Erhard Reuwich

derländische Grafiker Erhard Reuwich 1486 in den Druck des Berichtes einfügt, entsprach in seinen Proportionen den mittelalterlichen Darstellungen. Das Horn des Wesens allerdings glich bereits auffällig den Kostbarkeiten, die man in Europa in den

Sammlungen aufzubewahren pflegte. Weitere Einhörner wurden zu Beginn des 17. Jahrhunderts in Abessinien gesichtet, nun von Missionaren und Ordensleuten. Der portugiesische Jesuit Geronimo Lobo stößt auf einer Missionsreise vor Ort auf ein Einhorn, der spanische Franziskaner Luis de Urreta einige Jahre später ebenfalls. Wichtig war beiden Reisenden hier vor allem, möglichen Verwechslungen mit dem Nashorn, dessen Attribute augenscheinlich anders ausfielen, zu vermeiden.

Zu finden waren die Hörner in den Kunst- und Wunderkammern aller Herrschaftsgebiete. Pierre Belon, ein französischer Naturkundler und Entdecker, beschreibt ein eindrucksvolles Exemplar, das in Metz verwahrt wurde, Girolamo Cardano weiß um ein ansehnliches Horn, das sich im Kirchenschatz von Saint-Denis befand. Gerade dieses Horn sollte noch etliche weitere Gelehrte zu Beschreibungen inspirieren. Der französische Mediziner Jean de Renou, der keine Zweifel an der besonderen Kraft des Einhorns hat und selbst die Jungfrauenlegende noch wiederholt, berichtet uns im Jahre 1609, die umliegenden Pariser Apotheken hätten Stücke dieses Horns zu einem gewaltigen Preis verkaufen können. Der flämische Historiker Emmanuel van Meteren schildert uns im Jahre 1599 in seiner *Historia Belgica* ein Horn, das sich der spanische König Philipp II. für seine Schatzkammer gesichert hatte. Noch berühmter waren vielleicht zwei Hörner, die den Tesoro des Doms zu San Marco geschmückt hatten und fester Bestandteil der Stadtbeschreibungen geworden waren. Giovanni Nicolò Doglioni erzählt uns in seinen *Wundern der Stadt Venedig*, die nach 1603 noch viele Auflagen erlebt hatten, das eine Horn sei von einem Männchen und von rötlicher Farbe gewesen, das andere von einem Weibchen und von weißer Farbe. Die Akademie zu Heidelberg hatte ein weiteres Horn im Jahre 1586 am 15. Januar einer eingehenden Untersuchung unterzogen, wie der niederländische Arzt Henricus Smet etliche Jahre später berichtet. Die Mediziner waren zu dem Schluss gekommen, so Smet, dass es sich bei der gewichtigen Substanz in ihren Händen eindeutig um Horn handelte, Kalk oder Mineral als Grundlage waren ausgeschlossen.

Dass die Hörner in den Sammlungen ihre dekorative Funktion erfüllten, lag auf der Hand. Beeindruckend genug waren sie ja. Aber besaßen sie auch die Heilkraft, die so oft beschworen wurde und für die wir im vorangegangenen Kapitel schon Beispiele gesehen haben? Viele der mittelalterlichen Quellen, die den Nutzen der Einhörner mit Nachdruck bekräftigt hatten, waren im 16. Jahrhundert gedruckt und auch eifrig gelesen worden. Manche der Enzyklopädisten des Mittelalters hatten überhaupt erst jetzt wirklich Aufmerksamkeit erhalten. Zu Autorinnen und Autoren von Interesse gehörte auch Hildegard von Bingen, die sich im 12. Jahrhundert in ihrer *Physica* für das Einhorn als Medikament starkgemacht hatte, aber auch der italienische Naturphilosoph Pietro d'Abano, der im frühen 14. Jahrhundert in seinem Gifttraktat *De venenis* den Einsatz von Einhorn bei Vergiftungen besonders empfahl. Man musste, so hatte auch die große Äbtissin behauptet, das Gift nur in einen Becher füllen, der aus Einhorn gefertigt worden war. Die Substanz des Horns würde das Gift dann binnen kurzer Zeit unschädlich machen. Erstaunlich erscheint heute angesichts der erotischen Assoziationen, die das Einhorn auf Bildern freisetzen konnte, und auch der phallischen Gestalt des Horns, dass es nicht als Potenzmittel zum Einsatz kam. Auch in den nachfolgenden Jahrzehnten konnte, wie wir gleich sehen werden, niemand einer vergleichbaren Verwendung etwas abgewinnen. Im 16. Jahrhundert waren die medizinischen Empfehlungen der Vergangenheit zunächst durch neue Expertise bestätigt worden. Papst Pius II., der in seiner Beschreibung Asiens die Reiseberichte des Venezianers Niccolo di Conti verarbeitet hatte, versäumt nicht, zum Ende

Einhornbecher Kaiser Rudolf II. (17. Jahrhundert), angefertigt von Jan Vermeyen, Kunsthistorisches Museum, Wien

des 15. Jahrhunderts auf die giftlösende Kraft des Horns hinzuweisen. Nicht ganz eindeutig bleibt im Referat des Papstes allerdings, ob nicht doch vom gewöhnlichen Rhinozeros die Rede war.

Bei anderen Autoren war die Verwechslung mit dem Nashorn ausgeschlossen. Der Renaissance-Platoniker Marsilio Ficino schwor offensichtlich auf die Heilkraft des Einhorns, das gemeinsam mit anderen Zutaten bei Bisswunden und Eiterbeulen helfen konnte, doch hatte er sich hier noch überwiegend auf ältere Autoritäten wie Avicenna oder Arnaldus von Villanova bezogen. Sein Zeitgenosse Antonio Musa Brassavola, der ebenfalls ein großer Kenner der antiken Medizin war, empfiehlt den Einsatz von geriebenem Einhorn gegen Gift, aber auch bei Würmern, die vor allem Kinder heimsuchten. Zugleich warnt er davor, beim Erwerb der seltenen Substanz Fälschungen auf den Leim zu gehen. Echtes Einhorn war von eher aschgrauer Farbe und sollte nicht mit dem um vieles leichter erhältlichen Hirschhorn verwechselt werden. Brassavola selbst hatte, wie er berichtet, zwei komplette Exemplare in der Schatzkammer von San Marco zu Venedig zu Gesicht bekommen. Luigi Mondella, ein italienischer Kollege Brassavolas, beklagt sich zwar, dass es so wenig an verschriftlichtem Erfahrungswissen zum Anwendungsbereich von Einhorn gab, stellt seine Wirksamkeit aber nicht infrage. Unsicher war seiner Meinung nach lediglich, wann manche der überkommenen Rezepturen, die Einhorn enthielten, zum letzten Mal zum Einsatz gekommen waren. Die Substanz war einfach zu schwer zu bekommen. Die gleiche Schwierigkeit formuliert im Jahre 1615 Johann Coler, als er geriebenes Einhorn in seinem berühmten und weitverbreiteten *Hausbuch* empfiehlt. Begleitet von Aderlässen, Rosenwasser und anderen Spezereien war es, so Coler, vor allem bei Fieber hilfreich. Aber: »Man bekömpt selten gut Einhorn, darumb sich dem viel drauff zu verlassen.« Die Exklusivität der Substanz hinderte Coler freilich nicht daran, das Einhorn bei Kopfschmerzen, Epilepsie oder Herzdrücken gemeinsam mit geriebenen Korallen und anderen Pulvern zu verschreiben. Unter die Zunge gelegt, konnte es den Träger auch vor der Pest bewahren, vor allem, wenn sich der Patient vorher die Zähne mit Rosinen und Süßholz eingerieben hatte. »Die Reichen nemen ein Stücklein Einhorn in den Mund, das lesst keine Gifft in des Menschen Mund eingehen.«[48] Bei Ermangelung des Originals ließ sich zur Not, wie der Mediziner glaubt, auch Hirschhorn zur Anwendung bringen, auch wenn die gleiche Wirkung hier nicht garantiert werden konnte.

Auch aufgrund der vielen Unsicherheiten behandelt der portugiesische Mediziner Amatus Lusitanus, der mit indigenem

Namen João Rodrigues de Castelo Branco hieß, in seinem Dioskurides-Kommentar die Frage, wie man wirksames und echtes Einhorn von falschem unterscheiden kann, und lässt dabei alle Zweifel am Medikament an sich abperlen. Seinem Lackmustest der kostbaren Preziose werden wir noch mehrmals begegnen. Auch für den Portugiesen steht fest, dass die plumpen Nashörner mit den anmutigen und feingliedrigen Einhörnern keine Gemeinsamkeit aufweisen; auch er weiß um die giftneutralisierende Wirkung des geriebenen Horns und möchte die wurmtötende Kraft der Substanz gewürdigt sehen. Das Extrakt war im Idealfall in Öl oder Wein gelöst zu verabreichen. Und in der Tat, so gibt Amatus seinem Kollegen Brassavola recht, die Hörner ließen sich nur zu leicht fälschen, zumal das geriebene Horn Kalk und anderen leicht verfügbaren Substanzen ähnelte und, man höre, bisweilen vielleicht auch Walknochen unter dem Etikett des Einhorns veräußert wurden. Hinzu kam, dass auch andere Hörner vielleicht über eine gewisse Heilkraft verfügten. Wie also ließ sich das echte Horn vom falschen unterscheiden? Es allein in Wasser zu tauchen, um es dort Blasen treiben zu lassen, wie frühere Mediziner anscheinend vorgeschlagen hatten, konnte nicht genügen. Das Horn musste sich direkt durch seine giftlindernde Wirkung beweisen. Der Arzt hatte sich also, so Amatus, zwei kleiner Katzen oder Hühnerküken zu bemächtigen und ihnen Gift zu verabreichen. Der einen Katze gab man in Wein oder Wasser aufgelöstes Einhorn, der anderen nicht. Überlebte die eine, hatte sich die Natur des »Alexipharmakon« bewahrheitet. Er selbst hatte, so Amatus, in der Vergangenheit in Florenz Gelegenheit gehabt, das Experiment mit zwei Taubenküken durchzuführen, nachdem ihm ein Abrieb des dort verwahrten Einhorns anvertraut worden war, für das ein Kaufmann 2000 Dukaten gefordert hatte. Die Taube, die kein Einhorn erhalten hatte, verendete innerhalb einer Stunde, die andere überlebte immerhin um fünf Stunden. Man konnte sich also, so Amatus, sicher sein, dass man bei einem Menschen einen ähnlich überzeugenden Effekt erzielen konnte. Amatus schlägt dem florentinischen Kaufmann, sein Name war Bartolomeo Panciati, vor, bei zwei Delinquenten, die man zum Tode verurteilt hatte, die gleiche Probe durchzuführen, doch kommt es dazu offenbar nicht mehr.

Einhorn-Freund und Einhorn-Gegner: Erste Zweifel am Wunderhorn

Amatus Lusitanus hatte seinen Dioskurides-Kommentar im Jahre 1553 zum ersten Mal veröffentlicht, weitere Auflagen schlossen sich noch an. Dioskurides war ein antiker Botaniker gewesen, der Anlass zu vielen Exkursen gegeben hatte. Nur wenige Jahre später bezieht sich auch der französische Mediziner Laurent Joubert auf den schon genannten Marsilio Ficino und andere Autoritäten, um das Einhorn als giftlösendes Medikament zu empfehlen. Sein Kollege Jacques Houllier, Professor für Medizin an der Pariser Universität, hatte es etwa zur gleichen Zeit, vermengt mit Sauerampfer, wieder gegen die Pest verabreichen wollen. Im gleichen Jahr aber erscheint ein Traktat, der zum ersten Mal massive Zweifel an der Heilkraft des Horns vorbringen sollte. Sein Urheber, der Italiener Andrea Marini, sollte mit dieser kleinen Schrift eine entscheidende Wende einleiten. Waren die Einhörner wirklich in der Lage, vor Vergiftungen zu schützen? Marini verbindet seine Skepsis gegenüber dem Therapeutikum mit Zweifeln gegenüber den Hörnern an sich, deren wahre Natur, wie er glaubt, im Dunkeln geblieben war. Ja, überall in Europa waren sie anzutreffen, aber woher stammten sie eigentlich? Wenn schon die Antike mit Einhorn vertraut war, warum hatte nie eines dieser kostbaren Tiere den Weg in den römischen Zirkus gefunden, um dort vor johlendem Publikum neben Giraffe oder Elefant sein Leben auszuhauchen? Die Berichte der antiken Literatur zu den gehörnten Kreaturen schillerten darüber hinaus, wie Marini notiert, erheblich und schienen eine ganze Galerie von verschiedenen Spezies anzuvisieren. Einmal schien das Wesen eher einer Ziege oder Antilope zu ähneln, einmal einem Pferd. War das Horn nun von weißer Farbe oder doch eher grau? Und wie viel der scheinbar heilbringenden Fähigkeiten des Einhorns gebührte in Wirklichkeit dem Horn des Rhinozeros? Dazu kam, so Marini, dass die in den Wunderkammern und Kirchenschätzen aufbewahrten Hörner in ihrer Gestalt kaum mit den Beschreibungen in Einklang gebracht werden konnten, die Autoren wie Aelian oder Ktesias vorgelegt hatten. Wie sollte ein vergleichsweise kleines Tier, wie es diese Schriftsteller geschildert hatten, in der Lage gewesen sein, solche Hörner auf seinem Schädel zu tragen? Sie glichen im Umfang schließlich Elefantenstoßzähnen! Schon diese Feststellung sollte eigentlich Misstrauen erregen. Ebenso fragwürdig war, warum gerade das Einhorn den Rang eines Edeltherapeutikums in Anspruch nehmen durfte. Was unterschied es in seiner Konsistenz von anderen Hörnern oder Zähnen? Zeugten nicht gerade die ins Sagenhafte abgleitenden Schilderungen eines Aelian oder Philostrat davon, dass man einem Aberglauben aufgesessen war oder einer besonders raffinierten Marketingstrategie, die gewöhnliches Horn in seinem Charakter ins Absurde gesteigert hatte?

Marini hatte zu deutlich auf die Entwertung der kostbaren Hörner gesetzt, die in Italien und Frankreich ebenso hoch gehandelt worden waren wie in Deutschland oder England, um für seine Auslassungen nicht angefeindet zu werden. Zu viel Geld hing an den Hörnern. Direkt auf Marini antwortete ein anderer italienischer Arzt, Andrea Bacci, der ebenso über eine hohe Reputation als Mediziner verfügte wie als Antiquar. Bacci hatte Edelsteintraktate, eine Geschichte des Weins in Italien, aber auch der römischen Thermen verfasst. In einem zweiten recht bekannten Werk hatte Bacci nachgewiesen, dass Elchgeweih gegen Epilepsie zu helfen vermochte; mit Hörnern kannte er sich also aus. Dass Baccis Traktat zügig aus dem Italienischen ins Lateinische übersetzt wurde, zeigt, dass die Freunde des Einhorns auch auf der anderen Seite der Alpen noch immer zahlreich waren. Für Bacci musste die kaum fassbare Exklusivität der Tiere ebenso kein Argument gegen ihre Existenz sein wie die stark voneinander abweichenden Beschreibungen, die sich über die Epochen hinweg von ihnen erhalten hatten. Dass Gerüchte ihre Gestalt beharrlich überformt hatten, lag auf der Hand. Auch dass man die Tiere durch ihren Symbolwert zusätzlich mit Attributen aufgeladen hatte, die sie nie besitzen konnten. Doch sprach das zur Gänze gegen die Einhörner? Wie viele seltene Tiere und Pflanzen, deren Gestalt die Alte Welt nur vage überliefert hatte, waren durch die Entdeckungen der jüngeren Zeit in ihrer Existenz bestätigt worden? Wer wusste, ob man nicht auch den berühmten Phönix eines Tages würde ausfindig machen können? Selbst wenn die antiken Berichte schillerten und die Kluft, die zwischen ihnen und den aktuellen Exponaten bestand, sich nicht leugnen ließ, die aktuellen Einhorn-Berichte, so betont Bacci mit Nachdruck, waren aussagekräftig genug. Wer, wie Marini, einwarf, das römische Zirkuspublikum habe offensichtlich nie ein Einhorn bewundern können, möge sich daran erinnern, wie lange es gebraucht hatte, bis die sensationshungrige Öffentlichkeit in Europa ihren ersten Elefanten sehen konnte! Vielleicht waren die in der Antike gefangenen Tiere alle auf dem Transport in Melancholie und Trauer verendet, bevor man sie in der Manege hatte präsentieren können, wie so viele

Elefanten in der eigenen Zeit? Und wenn, wie Bacci noch hinzufügt, die Römer nie über das Partherreich hinaus gen Osten oder im Süden nach Abessinien gelangt waren und sich ihr Machtbereich auf das Mittelmeer beschränkt hatte, war es vielleicht ebenfalls kein Zufall, dass sich das römische Imperium keine Einhörner hatte verschaffen können. Auch für die vielen Unterschiede in den Beschreibungen der Tiere wie auch für die Varianten bei den Hörnern, die man in Europa erhalten konnte, gab es, wie Bacci glaubt, eine plausible Erklärung. Die Tiere durchliefen unterschiedliche Phasen ihres Wachstums, mit ihnen veränderte sich ihre Gestalt und auch die Form ihrer Hörner. Eine Verwechslung des Einhorns mit dem gemeinen Nashorn war schon in der Antike ausgeschlossen gewesen. Von der Möglichkeit, dass Elefantenstoßzähne oder gar die Knochen von Meerestieren, wie es heißt, als falsche Relikte der Einhörner fungiert hätten, möchte Bacci nichts wissen. Es musste sich um eine eindeutig fassbare Spezies handeln, die vor allem im asiatischen und afrikanischen Raum beheimatet war. An der Authentizität der europäischen Hörner gab es für ihn keinen Zweifel.

Die Liste der Exponate, die Bacci in Ergänzung zu den bekannten Exemplaren zusammenstellen kann, ist beeindruckend, vor allem, weil er sie scheinbar selbst in Augenschein genommen und überprüft hat. Auch die vielen aus Einhorn gefertigten Trinkgefäße vergisst Bacci dabei nicht zu erwähnen. Die Vertrauenswürdigkeit seiner Angaben stieg dadurch, dass er die Echtheit einiger Hörner tatsächlich anzweifelte. Einem im Jahre 1526 in der Schweiz am Ufer der Aare gefundenen Horn, das man als Einhorn identifiziert hatte, fehlten so in seinen Augen zum Beispiel zu sehr die erwartbaren Eigenschaften, um noch als Einhorn gelten zu können. Es musste sich daher um einen Knochen von einem anderen Tier handeln. Was die Wirksamkeit der Hornsubstanz betraf, stützt sich Bacci auf einige der schon genannten Mediziner. Die Kraft des Horns musste auf Gift wirken wie ein Magnet. Ein bekannter Arzt seiner Umgebung, so weiß Bacci zu berichten, der Austro-Italiener Agostino Ricci, der zeitweilig als Leibarzt der Kurie tätig war, hatte den Nutzen des Einhorns gerade noch einmal unter Beweis stellen können. Das Horn, das man von einem Kaufmann aus Ragusa erwerben konnte, hatte 12 000 Kronen gekostet. Bei einem Kranken, so hatte Ricci bestätigt, hatten Körner dieses Einhorns, die man in Wein zerrieben hatte, bereits wahre Wunder bewirken können. Am Hof des Kardinals von Trient hatte man, wie Bacci ebenfalls in Erfahrung bringt, auch das von Amatus Lusitanus beschriebene Experiment wiederholt. Die Taube, der man das geriebene Horn vorenthalten hatte, war, wie gewünscht, verendet, ihre Artgenossin war dank des Horns zumindest eine gewisse Zeit lang am Leben geblieben. Für Bacci stand damit fest, dass das Einhorn, mochte die aktuelle Kritik auch vorbringen, was sie wollte, den Charakter eines nahezu idealen »Alexipharmakon« nicht verloren hatte. Zu nahezu jedem Gift schien es in einem sympathetischen Verhältnis zu stehen und imstande zu sein, ihm die Kraft zu rauben.

Durchläuft man die Einlassungen einiger nachfolgender Mediziner, gewinnt man den Eindruck, dass sich trotz der Leidenschaft, mit der Bacci sich gegen Marini für das Einhorn in die Bresche geworfen hatte, in der Fachwelt eine gewisse Zurückhaltung gegenüber dem geriebenen Horn eingestellt hatte. War Marini mit seinem Traktat doch erfolgreich gewesen? Wahrscheinlicher noch war, dass die empirisch-kritische Grundhaltung zumindest einiger der frühneuzeitlichen Fachkollegen ab 1550 auch das Einhorn in seinem Status in Mitleidenschaft ziehen musste. Einer der Ärzte, die sich zum Sprachrohr der Bedenkenträger berufen sahen, war Girolamo Mercuriale, der als Professor mehrerer italienischer Universitäten und als Leibarzt des Hauses Habsburg eine enorme Karriere durchlaufen hatte. Die Einhörner waren dem Mediziner mehr als geläufig gewesen, anfangs hatte er sie, so er ihrer habhaft werden konnte, auch selbst gern verschrieben. Gegenüber seinem Kollegen Battista Balaesta kann Mercuriale seine Skepsis dennoch nicht verhehlen. Zu viele Hörner waren in Italien unter dem preissteigernden Etikett des Einhorns im Umlauf, ohne dass man sicher sein konnte, dass es sich nicht um gewöhnliches Nashorn oder die Hörner afrikanischer Antilopen handelte. Etliche der antiken Schilderungen trafen dazu, wie Mercuriale noch hinzufügt, weitaus besser auf die zumindest ansatzweise bekannte afrikanische Oryxantilope zu, deren Horn aber schon in der Antike kein Arzt bisher eine besondere Wirkung zugebilligt hatte. Der Verdacht lag daher nahe, so Mercuriale, dass die Mehrzahl der europäischen Wunderhörner auf Antilopenbasis hergestellt worden war und daher völlig wirkungslos sein musste. Die wenigen Experimente, die man bisher mit dem Horn durchgeführt hatte, konnten kaum aussagekräftig sein. Ein besonderes Argument kam für Mercuriale noch hinzu: Der wichtigste aller antiken Mediziner, Galen, der Leibarzt Kaiser Marc Aurels, auf dessen Werken fast die gesamte Renaissance-Medizin beruhte, hatte das Einhorn an keiner Stelle erwähnt. Alle Kreaturen hätte der Kaiser auf Geheiß seines *protophysicus* in Rom versammeln können, um das edelste aller Medikamente herzustellen, den Einhorn-Theriak; er hatte es aber nicht getan. Selbst wenn es also Einhörner gab und das eine oder andere Exemplar in den Apothekenschrank eines europäischen Fürsten gefunden hatte, war ihr Horn offensichtlich wirkungslos.

Über die Zusammenfassung des Laurent Catelan, der 1624 eine *Geschichte der Natur, der Jagd, der Tugenden, Eigenschaften und des Gebrauchs des Einhorns* geschrieben hatte, war die Einhorn-Debatte mit Beginn des 17. Jahrhunderts in ganz Europa verbreitet worden, nicht zuletzt auch, weil der hessische Mediziner Georg Faber Catelans kleine Einhorn-Enzyklopädie schon ein Jahr später ins Deutsche übertragen hatte. Ähnliche Gedanken, wie sie Mercuriale vorbringt, lesen wir auch bei anderen prominenten Fachleuten der Zeit, etwa bei dem französischen Chirurgen Ambroise Paré oder bei Gabriel Frascati, aber auch beim großen niederländischen Mineralogen Anselm de Boodt, dessen *Geschichte der Edelsteine* 1609 zum ersten Mal erscheint. Die Mutter der Schwägerin de Boodts verschafft dem Gelehrten einige Krümel der erlesenen Substanz, Stücke eines Horns, das, wie der Niederländer betont, komplett Tausende von Gulden wert gewesen wäre. Zerstoßen roch das Konzentrat, wie er notiert, deutlich nach Horn. Als er in Venedig selbst zwei vollständige Hörner zu Gesicht bekommt, die zum Verkauf angeboten wurden, hat de Boodt den Eindruck, wie er zugibt, es eher mit einem Stoßzahn eines Walrosses zu tun zu haben. Beim zweiten Horn schien es sich dagegen eher um das Horn einer Antilope zu handeln. Ausgeschlossen war natürlich nicht, so de Boodt, dass alle diese Substanzen bei Gift erfolgreich zum Einsatz gelangen konnten; der Nimbus des Horns begann aber sich aufzulösen. Noch deutlicher formuliert sein Unbehagen gegenüber dem bisherigen Einhorn-Narrativ im Jahre 1638 schließlich der Brite Jacob Primerose, der mit seinen *Populären Irrtümern in der Medizin* ausdrücklich Aufklärungsarbeit leisten wollte. Primerose hatte vor allem den Bericht des Amatus Lusitanus gründlich gelesen, aber auch die übrige Debatte gesichtet. An den Einhorn-Mythos glaubt Primerose nur noch bedingt, egal wie sehr man bereit war, die erhaltenen Reiseberichte großzügig zu interpretieren. Worum aber handelte es sich bei den Hörnern? Die Antilopenhypothese eines Mercuriale überzeugt den Briten nicht.

Stattdessen hat Primerose zwei andere Vorschläge, um dem Rätsel des Einhorns beizukommen. Der Wittenberger Naturphilosoph Daniel Sennert, so Primerose, hatte in seiner *Philosophia naturalis* von aktuellen Ausgrabungen in Thüringen und Böhmen berichtet, scheinbar fossile Einhörner, die sich in ihrer Form nicht sehr von den bekannten Hörnern in den Schatzkammern unterschieden. Zerrieb man diese Knochenreste, lieferte dieser Extrakt ebenso, wie Sennert gezeigt hatte, eine wirksame Arznei gegen Epilepsie wie auch gegen andere Gebrechen. Waren die Einhörner auf diesem Weg zu erklären? Noch attraktiver war eine zweite Hypothese. In Primeroses Heimatstadt Hall an der englischen Ostküste, einer Metropole, die damals wie heute von der Fischerei lebte (und heute eine Städtepartnerschaft mit Reykjavík pflegt), hatten Seefahrer aus Grönland die Hörner eines walartigen Meerestieres gebracht, das dieses Horn offensichtlich auf dem Kopf getragen hatte. Primerose selbst hatte sie gesehen. Auch diesen Hörnern schrieb man eine heilende Kraft zu. Um sich sicher sein zu können und die Identität dieser Hörner, aber auch der fossilen mit den geläufigen Einhörnern nachzuweisen, bedurfte es jener Experimente mit Küken und Kätzchen, wie Primerose weiß, die Amatus Lusitanus beschrieben hatte.

Europa und die Wale

Primeroses Abhandlung zeigt, dass die europäische Gelehrtenkaste den Schlüssel zur Auflösung des Einhornrätsels seit den ersten Jahrzehnten des 17. Jahrhunderts längst in der Hand hatte. Dass man so lange so begriffsstutzig und ehrfurchtsvoll auf die Hörner gestarrt und ihre Kraft bewundert hatte, erklärte sich, wie schon angedeutet, auch aus der Bedeutung, die sie als Luxus-Accessoire einer aristokratischen Elite besaßen. Neben dem Placebo-Effekt, den die Hörner bei ihren finanzkräftigen Käufern sicher erzielt hatten und in dem sie praktizierende Ärzte wie Kaufleute sicher nur bestärken mussten, war es dieser Distinktionswert, gegenüber dem die naturkundliche Kritik nur kleinlich wirken konnte. Dass Island selbst, das Herkunftsland der Hörner, in seiner eher egalitär verfassten Gesellschaft vergleichbaren Inszenierungen in seiner Geschichte nur wenig Raum geboten hatte, darf hier als besondere Pointe betrachtet werden.

Um zu begreifen, warum sich die Entmystifizierung der Hörner so lange hinziehen konnte, ist es hilfreich, sich auch andere Rahmenbedingungen ins Gedächtnis zu rufen. Was wusste man eigentlich in der Frühen Neuzeit über Wale? Trotz einer Walfangtradition, die vor allem entlang der französischen und nordspanischen Atlantikküste bis weit ins Mittelalter zurückreichte und die in der Praxis erstaunliche Fähigkeiten erfordert hatte und ihre Protagonisten ab dem Spätmittelalter auch bis an die Küste Islands führen sollte, fanden Wale nur spärlich Eingang in die Naturkunden des Mittelalters. Baskische Walfänger hatten Island seit dem Spätmittelalter als Anlaufstation genutzt. Dennoch schillerten die Beschreibungen der Meeressäuger in der Literatur zwischen allenfalls tastender zoologischer Annäherung und purer Monstrosität. Naturenzyklopädisten wie Vinzenz von Beauvais oder Thomas von Cantimpré, deren Überlieferung bis weit ins 16. Jahrhundert reichte, vermochten kaum ein halbes Dutzend unterschiedlicher Arten voneinander zu unterscheiden. Gleiches galt für die ersten Verfasser von Fischkunden in der Frühen Neuzeit wie Konrad Gesner, Guillaume Rondelet oder Pierre Belon, den wir schon als Beschreiber des Horns von Metz kennengelernt haben, die bei aller Detailfreude bei den leicht greifbaren Fischen vor Ort im Fall der Wale die mittelalterlichen Darstellungen oft nur wiederholten. Albertus Magnus

See-Einhorn, aus: Jacob van Maerlant, Der naturen bloeme, MS. Nationalbibliothek Den Haag (14. Jh.)

dürfte der erste mittelalterliche Wissenschaftler gewesen sein, der in Friesland einen ausgeweideten Wal in Augenschein nahm und feststellte, dass er kaum mit den Beschreibungen übereinstimmte, die sich bei Plinius, aber auch bei seinen Zeitgenossen fanden. Thomas von Cantimpré hatte fast zur gleichen Zeit noch behaupten können, Wale würden ihren Penis beim Geschlechtsakt verlieren und sich beim Fang durch Flötenspiel anlocken lassen. Andere Autoren des Spätmittelalters, genannt sei nur der anonyme Verfasser der »Experimentator« genannten Enzyklopädie, hatten geglaubt, ein Wal würde seine Jungen bei Unwetter in seiner Mundhöhle verschwinden lassen.

Von Anfang an war die Situation in Island, was die Wal-Kunde betraf, eine andere gewesen, sicher auch, weil die Tiere sich vor Ort leicht beobachten ließen. Eine isländische Enzyklopädie war der *Konungs Skuggsjá*, der *Königsspiegel*, der im Hochmittelalter verfasst wurde. Vater und Sohn, die sich in diesem Text in Dialogform über alle Bereiche der Naturkunde austauschen und dabei auch gerne ins Fantastische abgleiten – unter anderem erhält der Sohn Ratschläge zur Zähmung von Flugdrachen –, benennen einen ganzen Katalog von *hualir*, von Walen, darunter Schweinswale und Grindwale. Unter den 22 Arten findet sich auch der Narwal, dessen mehr als zwei Ellen langer eindrucksvoller Stoßzahn, gemasert wie eine Muschel und von edler weißer Farbe, genau beschrieben wird. Das Fleisch der Tiere galt als weitgehend ungenießbar, gefangen wurden sie daher kaum, wie nicht verschwiegen wird. Man kannte den Narwal in Island also seit dem Mittelalter offensichtlich gut. Entgangen war die Existenz dieses Meeressäugers auch den mitteleuropäischen Naturkunden nicht. Albertus Magnus, der kundigste unter den Gelehrten seiner Zeit, vermerkt das »See-Einhorn« in seiner *Historia animalium*, seiner *Tiergeschichte*, ebenso wie der für Aberglauben weitaus anfälligere Thomas von Cantimpré. Eine konkrete Vorstellung hatte niemand von ihm entwickelt, wie sollte er auch? Auch als Olaus Magnus, der mit seiner *Geschichte der Nordvölker* im Jahre 1555 die wohl populärste Naturgeschichte Skandinaviens vorgelegt hatte, auf die Wale des Nordmeers eingeht, bleibt das Bild des Narwals noch immer vage, geschweige denn, dass Olaus auf die Idee gekommen wäre, das Tier könnte in irgendeiner Verbindung zu den Hörnern in den europäischen Kunstkammern stehen. Als »See-Einhorn«, als *unicornu marinum*, war es in dieser Zeit auch auf diversen Landkarten in Erscheinung getreten.

Zu Beginn des 17. Jahrhunderts war die Naturkunde deutlich weiter vorangeschritten. Vor allem die Autopsie von Walfischen hatte sich inzwischen als gängige Praxis etabliert. Als in Hamburg im Jahre 1659 ein großer Grauwal die Elbmündung aufwärts getrieben wurde und dort verendete, nutzte der Hamburger Prediger Johann Friedrich Mayer die Gelegenheit für eine flammende Bußpredigt, die in Gegenwart des Kadavers gehalten wurde, das *Hamburgische Ninive*. Dem norddeutschen Publikum musste die Anatomie des Wals dabei nicht mehr erklärt werden, es hatte genug von ihnen gesehen. Als William Baffin auf der Suche nach der Nord-West-Passage das Polarmeer in Richtung Amerika durchquerte, stieß er auf eine ganze Kohorte von Narwalen, die er sofort als *Sea-Unicorns* erkannte. Ähnelte ihr Horn nicht den Hörnern, so Baffin, die man dem bekannten Land-Einhorn zugeschrieben hatte? Im selben Zusammenhang erfuhr Baffin vor Ort, dass die Isländer die Hörner zu hohen Preisen nach Mitteleuropa verkauften. Die Zeit war zu Beginn des 17. Jahrhunderts also reif, um die Fäden zusammenzuführen.

Die Enttarnung der Einhörner als Familienunternehmen: Die Bartholins in Kopenhagen

Sjón hat uns zu Beginn des Kapitels gezeigt, wie die finale Enttarnung der Hörner abgelaufen sein könnte. Neben der Gestalt Ole Worms verband sich diese Aufdeckung in Dänemark vor allem mit dem Namen einer Familie, deren Mitglieder über vier Generationen die Universität Kopenhagen regelrecht beherrscht hatten, oft durchaus zum Missfallen ihrer Zeitgenossen und der konkurrierenden Gelehrtendynastien. Die Rede ist von der Familie Bartholin, die im 17. Jahrhundert in Dänemark nicht nur Professuren für Medizin und Naturphilosophie besetzt und unter sich weitergegeben hatte, sondern auch für Theologie und deren Mitglieder auch in der nordischen Altertumskunde eine herausragende Expertise besaßen. Vor allem durch gezielte Heiratspolitik war es den Bartholins dabei gelungen, ihren Einfluss immer weiter auszubauen.

Wie zu erwarten, begann die Lösung des Hornrätsels mit tastenden Versuchen. Caspar Bartholin der Ältere, der Senior der Familie, veröffentlichte im Jahre 1628 einen kleinen Traktat zu den Einhörnern, in dem er noch keine endgültigen Thesen aufstellen wollte. Der dänische Gelehrte hatte schon eine lange Karriere als Mediziner und Anatom hinter sich, seine Lehrbücher waren im ganzen Ostseeraum verbreitet. Bartholin sichtet zunächst die Kritik, die man zu Beginn des 17. Jahrhunderts zumindest unterschwellig an den Hörnern geäußert hatte. Warum, so Bartholin, hatte ein Mediziner wie Marini zu Recht gefragt, hatte Galen nie Einhorn verschrieben, wenn es doch den Charakter eines Allheilmittels besaß? Dass die pferdeähnlichen Kreaturen, die man so lange für deren Ursprung gehalten hatte, keine große Rolle gespielt haben konnten, lag für Bartholin schon auf der Hand, auch wenn er die Möglichkeit ihrer Existenz nicht komplett zurückweist. Dass die Berichte eines Ludovico de Varthema nicht komplett aus der Luft gegriffen waren, ließ sich nicht völlig ausschließen. Die Prachtstücke in Saint-Denis, Metz oder Venedig aber standen in keinem Bezug zu den seltsamen Tieren. Nur was waren sie dann? Fossile Überreste von Elefanten? Gesteinsformationen, die man als Laune der Natur veranschlagen musste? Dass sie zum Skelett einer Antilope gehört hatten oder irgendwelche Ähnlichkeiten mit dem Nashorn aufwiesen, scheint Bartholin nicht plausibel. Viel wahrscheinlicher war, dass es sich um Meerestiere handelte, wenn auch, so entsteht der Eindruck, Caspar Bartholin sich nicht sicher war, um welche Spezies es sich konkret handelte. Nur zu oft waren die Hörner durch Vermittlung von Kaufleuten aus Island nach Dänemark gelangt, wo sie vom dänischen Adel als Schmuckstücke und Medikamente in hohen Ehren gehalten wurden. Auch der dänische König Friedrich II. wusste etliche Hörner in seinem Besitz. Im Kernstück seines Traktates erinnert sich Bartholin daran, wie er vierzehn Jahre vor dem Druck des Werkes, im Jahre 1614, einmal Gelegenheit hatte, ein Einhorn zu untersuchen, das ihm der Bischof von Hólar in Island, Guðbrandur Þorlaksson, verschafft hatte. Gemeinsam mit dem berühmten Astronomen Christian Longomontanus hatte er auch die Giftprobe an Hunden vorgenommen, um die Echtheit des Horns zu überprüfen. Das Ergebnis war offensichtlich nicht allzu überzeugend ausgefallen, hatte aber auch keinen Anlass gegeben, die Wirksamkeit des Horns vollständig infrage zu stellen.

Schon ein Jahr nach dem Druck der Opuscula-Sammlung, die neben dem Einhorn-Traktat auch eine Abhandlung zu den antiken Pygmäen enthielt, war Caspar Bartholin der Ältere gestorben. Im Anschluss musste die Gerüchteküche um die Hörner in Dänemark erheblich zu brodeln begonnen haben. Anscheinend hatte vor allem die dänische Aristokratie sich inzwischen die Frage gestellt, ob sie nicht vielleicht über Jahrzehnte zum Opfer eines lang währenden und kostspieligen Betrugs geworden waren. Caspar Bartholins Schwager war Ole Worm, der die Erziehung der Söhne Caspars, unter ihnen Thomas der Ältere, übernommen hatte. Worm dürfte nach Tycho Brahe wohl die größte dänische Gelehrtenpersönlichkeit der Zeit gewesen sein, ein Mitbegründer der modernen Runenkunde und Freund des skandinavischen Altertums, aber auch ein begeisterter Sammler von Naturwundern und Kuriositäten, der in seinem legendären Kabinett, dem *Museum* und der ersten naturkundlichen Sammlung Skandinaviens, bizarre und schauwertträchtige Exponate aus der ganzen Welt versammelt hatte. Im Jahre 1636 wendet sich, wie Worm rückwirkend berichtet, der Kanzler der dänischen Krone, Christian Friis til Kragerup, an Worm mit der Bitte, sich der Sache der Hörner anzunehmen und die Untersuchungen seines Schwagers fortzuführen. Kragerup hatte selbst ein Horn erworben und war misstrauisch geworden. War die Kostbarkeit, die seine Schatzkammer schmücken sollte, womöglich das Horn eines Meerestiers und stammte nicht, wie erhofft, vom Schädel eines Huftiers? Worm macht sich mit akademischer Akribie an die Arbeit. Den Abschlussbericht seiner Untersuchung, die scheinbar 1640 ihr Ende erreicht hatte, sollte sein Neffe Thomas Bartholin veröffentlichen. Von der unmittelbaren Beteiligung eines Isländers vor Ort, geschweige denn von Jón lærði Guðmundsson, war hier nicht die Rede, doch hatte Worm, wie vorher sein Schwager, die Unterstützung des Bischofs von Hólar angefordert, ein Amt, das nun Þorlákur Skúlason innehatte. Der Nachfolger Guðbrandur Þorlakssons schickt ihm die genaue Beschreibung der Anatomie eines Narwals, wie ihn auch der isländische *Königsspiegel* schon gekannt hatte. Mit dieser Skizze in der Hand autopsiert Worm das Horn Kragerups. Ergänzend zum Horn war, wie Sjón schon angedeutet hatte, der Kanzler auch in den Besitz eines Narwalschädels gelangt, der allerdings nicht mehr über ein »Horn« verfügt hatte. Nach gründlicher Prüfung beider Skelettteile und einem Abgleich mit anderen Exponaten gelangt Worm endlich zum erwartbaren Schluss. Das Horn auf seinem Tisch war ein Zahn, ein Produkt einer verdickenden Gomphose, die wie andere Zähne auch in den Kiefer des Tiers eingefügt war. Es gab keinen Zweifel mehr, auch alle Versuche, die Einhörner mit den Hörnern von Antilopen oder Elefantenzähnen in Verbindung zu bringen, hatten sich damit, so Worm, endlich erübrigt.

Freilich musste sich mit der finalen Enttarnung der Stoßzähne noch eine andere Komponente verbinden, die Heilkraft der Objekte. Selbst wenn der Einhorn-Mythos in sich zusammengebrochen war, musste damit die therapeutische Funktion der Walstoßzähne ja noch nicht widerlegt sein. Hatte Kragerup sein Geld vielleicht doch nicht ganz umsonst ausgegeben? Hatten Skeptiker wie Paré oder Marini recht, wenn sie auf der Wirkungslosigkeit der Substanzen beharrten, oder war doch Männern wie Bacci Glauben zu schenken, die dem Abrieb mehr als nur eine suggestive Funktion zugestanden hatten? Thomas

Bartholin, der Neffe Worms, berichtet in einem Brief seiner *Cista medica*, einer gelehrten Briefsammlung, dass Worm auch diese Frage nicht unbeantwortet lassen wollte. Gemeinsam mit einem weiteren Freund, dem Apotheker Johann Woldering, wiederholt Worm die uns bereits hinreichend geläufige Testreihe. Erst verabreicht er einer Gruppe von Tauben Arsen und im Anschluss 15 Krümel des »Horns«, die Worm vom Narwalstoßzahn löst. Alle Vögel speien die Körner wieder aus und sterben; offensichtlich war die Dosis des Giftes zu groß, als dass das Gegenmittel noch seine Wirkung hätte entfalten können. Dann versucht Worm sein Glück bei zwei Katzen. Hier verendet das eine Tier sofort, während die zweite bedauernswerte Kreatur zwar bis zur Nacht am Leben bleibt, dann aber ebenfalls ihr Ende findet. Das Resultat war also, wie Worm konstatiert, zwiespältig, wenn auch mit einer gewissen Tendenz zur Bestätigung der Wirksamkeit.

Wie Ole Worm hatte sich auch Thomas Bartholin unter seinen Zeitgenossen in Dänemark und auch darüber hinaus schon rasch den Ruf eines Universalgelehrten erwerben können. Wie sein Vater hatte er lange Bildungsreisen durch die Universitäten Europas hinter sich und hatte in Leiden und Bologna studiert, bevor er nach Stationen in Paris und Padua, reich an Wissen und Kontakten, wieder nach Kopenhagen an seine Heimatuniversität zurückkehrte. Nicht nur als Professor trat Thomas hier das Erbe seines Vaters Caspar an, auch eine ganze Reihe von Forschungsgebieten sollte er von ihm übernehmen. Als Beispiel sei nur die von beiden eifrig verhandelte Frage genannt, wie sich das Blut und Wasser, das am Kreuz nach dem Stich der Lanze aus der Seite Christi geflossen war, eigentlich erklären ließ. Es verwundert also nicht, dass sich Thomas Bartholin auch des Einhorn-Themas annahm, denn sicher hatte er als Kind die Überreste der Kreaturen im Museum seines Onkels Ole Worm bewundern können. Er geht es mit enzyklopädischer Gründlichkeit an. Vor allem folgende Dinge galt es, wie Thomas glaubt, noch hinreichend zu klären: Gehörten wirklich alle in Europa kursierenden Hörner zu den Narwalstoßzähnen? Hatten die Hörner wirklich die Gabe, Gift zu neutralisieren? Und was hatte es schließlich mit den Einhorn-Berichten auf sich, die bis in die eigene Zeit reichten? Waren sie durch die Existenz der Stoßzähne ebenfalls entwertet worden? Oder mussten sich die Tiere, die man in Afrika beobachtet hatte, doch in der einen oder anderen Weise als Einhörner begreifen lassen? Thomas Bartholin war ein viel beschäftigter Mann, doch sollte er auf diese Fragen über einen Zeitraum von fast zwanzig Jahren wieder und wieder in sehr unterschiedlichen Texten eingehen. Die Summe ziehen die *Observationes de unicornu*, die *Untersuchungen über das Einhorn*, die sein Sohn Caspar der Jüngere im Jahre 1678 nach seinem Tod noch einmal in überarbeiteter Form herausgeben konnte. Die erste Fassung war schon 1645 erschienen. Deutlich erkennt man, wie die Beschäftigung mit den Hörnern zu einem Familienunternehmen geworden war. Ebenso deutlich dürfte geworden sein, wie sehr man jeden Irrtum ausschließen wollte.

Auch Thomas Bartholin bekommt bei seinen Recherchen Hilfe von den Isländern, zunächst in Gestalt einer Liste von Walarten, die dem schon genannten *Königsspiegel* entnommen war. Bartholin musste hier deutlich geworden sein, wie groß die Kluft war, die zwischen den erfahrungsgesättigten Zoologen des Nordens und der mitteleuropäischen Naturkunde bestand, die vom Reichtum des Polarmeeres allenfalls rudimentäre Kenntnisse besaß. Der Narwal fand sich in diesem Manuskript mitsamt seinem, wie schon gesehen, zwei Ellen langen Stoßzahn, gemasert und im Regelfall von weißer Farbe, präzise dargestellt. Ebenfalls aus Island erhält Thomas Bartholin, wie schon sein Onkel Worm vorher, den kompletten Schädel eines Narwals und weitere Skelettteile, für die sich wieder der Bischof von Hólar, Þorlákur Skúlason, verantwortlich zeigt. Die neuen Knochen entsprechen nicht nur den schon vorliegenden Skizzen, sie harmonieren auch mit den bereits vorhandenen Exponaten. Ein weiterer Schritt gebührt nun den Hörnern, die in Europas Schatzkammern gehortet wurden. Über einen langen Zeitraum scheint Bartholin seine zahlreichen Studienreisen auch dazu genutzt zu haben, sich jeweils vor Ort die lokale Einhornkollektion anzusehen. Das Ergebnis der Autopsien muss auf die Dauer ermüdend gewesen sein, aber falsifizierte deutlich alle anderen Hypothesen, die man vorgebracht hatte. Das Horn von Saint-Denis? Ohne Zweifel handelte es sich um einen Narwalstoßzahn. Die weit berühmten Hörner zu Venedig, die, wie man vor Ort wusste, Kaufleute im Jahre 1202 aus Byzanz in die Stadt gebracht hatten? Auch dieses Einhorn war marinen Ursprungs und stammte von einem Wal. Eine besondere Überraschung hatte ein Horn parat, das im Domschatz von Utrecht verwahrt wurde. Als Bartholin es in Augenschein nimmt, entdeckt er einen Besitzvermerk, eine Runeninschrift, die das Horn einem Norwegerkönig mit Namen Snorre zuschreibt. Auch dieser Narwalstoßzahn hatte offensichtlich aus Skandinavien den Weg in die Niederlande gefunden. Dass noch weitere Kostbarkeiten in Brügge oder Danzig, die man für Einhörner gehalten hatte, in die gleiche Kategorie fielen, verwunderte schon nicht mehr weiter, Gleiches galt für die Hörner, mit denen der dänische Adel aufwarten konnte. Ihren Gipfel erreichte die Recherche direkt vor Ort: Auch der sicher herzlich unbequeme und angeblich vollständig aus Einhörnern gezimmerte Thron des dänischen Regenten Friedrich III., der noch heute auf Schloss Rosenborg steht, war, wie Bartholin zeigen kann, allein aus Narwalstoßzähnen zusammenmontiert worden.

Teuer hatte die Einhörner nicht nur ihre mythische Aura

werden lassen, sondern auch ihr medizinischer Nutzen. Caspar Bartholin und Worm waren in ihren Versuchsreihen, wie gesehen, mit Blick auf die therapeutische Funktion der Hörner zu keinem eindeutigen Ergebnis gelangt. Wer nun erwartet, Thomas würde die Einhörner endgültig als frühneuzeitliche Variante homöopathischer Globuli enttarnen, hat sich allerdings getäuscht. Beruhten die Erfolge, die man mit dem Einhorn-Medikament erzielt hatte, auf einer nachweisbaren Grundlage, unabhängig davon, ob es sich um Walstoßzahn oder das vermeintlich echte Horn gehandelt hatte? Thomas Bartholin wählt den gleichen experimentellen Zugriff wie seine Vorfahren, doch fällt das Ergebnis nun tatsächlich zugunsten der Hörner aus. Man kann nur spekulieren, warum. Hatte Bartholin, der sich immer auch als Legat königlich-dänischer Interessen gesehen hatte, der dänischen Monarchie den ökonomischen Mehrwert der Hörner gegönnt? Wollte er seine isländischen Freunde und Gewährsmänner vielleicht als gewieft erscheinen lassen, doch zum Ende nicht als komplette Betrüger und Scharlatane, denen ganz Europa auf den Leim gegangen war? Immerhin verwahrten sie mit der altnordischen Literatur, den Runen und ihrer Überlieferung auch die Tradition, auf die sich die dänische Krone zur Selbststilisierung berief. Oder war Bartholin, was am wahrscheinlichsten ist, seiner empirischen Grundhaltung verpflichtet und hatte sich vom Resultat seiner Versuche schlicht überzeugen lassen? In der zweiten Auflage der *Observationes* findet sich eine umfangreiche Untersuchung der medizinischen Bedeutung der Einhörner. Bartholin sichtet jüngere und ältere Laborversuche mit Einhorn, die sich schon der Fachliteratur entnehmen ließen. Philipp Hochstetter, ein Kollege aus Augsburg, bestätigt Bartholin, dass geriebenes Einhorn bei Durchfallerkrankungen erfolgreich zum Einsatz gekommen sei. Von seinem Freund Albert Kuyper aus Leiden erhält Bartholin weitere Unterstützung.

Bartholin hatte Kuyper im Gebrauch des Einhorns angewiesen und 1655 zur Ermunterung auch noch einmal betont, dass vor allem die Bewohner Grönlands selbst das geriebene Einhorn bei Fieber verabreichten. Kuyper folgt Bartholins Ratschlägen gern und scheint mit dem Medikament wie schon Hochstätter Erfolg gehabt zu haben. Als Kuyper noch im selben Jahr verstirbt, rechnet ihm sein lokaler Mitstreiter Peter Schumacher die Popularisierung des Einhorns als besonderen Verdienst an. Es ließ sich, geraspelt und mit Wasser versetzt, gegen alle möglichen Malaisen nutzbringend ins Feld führen, wie Schumacher selbst bestätigen kann. Selbst wenn es die Krankheit nicht komplett heilte, kurierte es die Mehrzahl der Symptome. Der erfolgreichste Therapeut wird Thomas Bartholin selbst, der ab 1650 Einhorn mit diversen Tinkturen versetzt, mit Holunder, Benediktenkraut, aber auch mit angewärmtem Bier. In Gelatine gelegt und verabreicht, konnte es sogar, wie Bartholin meint nachgewiesen zu haben, Geburten erleichtern. Tatsächlich war Einhorn, wie der dänische Naturgelehrte nach jahrelanger praktischer Arbeit bilanziert, das erfolgreichste Medikament, das im dänischen Imperium zu bekommen war.

Wie eine Fußnote erscheint hier noch die dritte Frage, die Thomas Bartholin umgetrieben hatte. Gab es denn nun wirklich Einhörner, von den Walfischen einmal abgesehen? Auch hier siegt für Bartholin die Empirie, obwohl es vielleicht paradox anmuten mag. Anders als Marini sieht Bartholin keinen Grund, die seit der Antike überlieferten Einhorn-Sichtungen toto modo zu verwerfen. Selbst wenn es wohl kaum der ominösen Jungfrau bedurfte, um des Tiers habhaft zu werden, hatten Aelian oder Ktesias, wie Bartholin glaubt, ein reales Lebewesen beschrieben, dessen Existenz auch die jüngeren Beobachtungen bestätigen konnten. Weder Ludovico de Varthema noch die Ordensgeistlichen mussten sich zwangsläufig geirrt haben. Als weiteren Beleg meint Bartholin sogar auf neue Sichtungen verweisen zu können: Der Jesuit Johannes Nierembergius hatte in seiner *Naturgeschichte* im Jahre 1635 in einem Halbsatz trocken bemerkt, er habe am Hof des spanischen Regenten Phillip IV. ein Pferd mit einem großen Horn sehen können. Musste sich dieser auch sonst zuverlässige Naturkundler geirrt haben? Im schwedischen Kurland, so bringt Bartholin in Erfahrung, war am Hof des Gouverneurs dazu noch ein Afrika-Reisender eingetroffen, der die bereits kursierenden Berichte noch einmal mit neuem Material unterfüttern konnte. In Guinea hatte er eine Kreatur gesehen, die den Eindruck eines Pferdes vermittelte, doch ein drei Ellen langes Horn auf dem Kopf trug. Die Einheimischen hatten es *Tire Bina* genannt, was, in ihrer Sprache so viel bedeutete wie »gehörntes Tier«. Die Aristokraten zeigen dem Reisenden Bilder von Einhörnern, die sich in den eingängigen Enzyklopädien finden ließen, bei Ulysses Aldrovandi oder Johannes Jonstonius, doch lässt sich der Abenteurer nicht zu vorschnellen Schlüssen hinreißen. Wie ein Narwalstoßzahn allerdings hatte das Horn dieses Tiers nicht ausgesehen, es hatten ihm die Maserungen gefehlt und seine Farbe war eher gelblich gewesen. Nur männliche Tiere sollten das Horn auf ihrem Kopf tragen. Dazu kam, was alle Anwesenden sicher gerne zur Kenntnis genommen haben: Auch dieses Horn ließ sich geraspelt, wie die Einheimischen glaubten, erfolgreich gegen Gift einsetzen. War man hier einem Aufschneider aufgesessen, der die Erwartungshaltung seines Publikums elegant bedient? Zu Misstrauen sieht Bartholin keinen Anlass. Für den dänischen Mediziner waren diese und andere Berichte Grund genug, um dem Pferde-Einhorn seinen Platz in der Zoologie zu belassen, auch wenn die Hörner dieser Tiere vielleicht nie den Weg nach Europa gefunden hatten.

Das neue alte Wundermittel: Der Walstoßzahn als Erbe des Einhorns?

Man könnte sagen, dass die Bartholins dem Einhorn zum Ende hin alle Türen offen gelassen haben. Weder war den gewundenen Kostbarkeiten ihre Heilkraft abhandengekommen, noch hatte sich der Einhornglaube als solcher komplett erledigt. Wie reagierte die europäische Gelehrtenöffentlichkeit nun auf die Neubewertung der Hörner? Und wie auf den kuriosen Mittelweg, den Thomas Bartholin zum Ende eingeschlagen hatte? Die Autorität des Dänen war zunächst groß genug, um seinem Kompromissvorschlag ausreichend Anerkennung zu sichern. Nicht, dass es an Kritik vollständig gefehlt hätte: Der Stadtarzt von Carmona in Andalusien, Gaspar do Reis Franco, hält die Schlussfolgerungen Bartholins in seiner Kollektion medizinischer Traktate im Jahre 1670 für etwas voreilig. Konnte man sich wirklich sicher sein, dass alle europäischen Hörner, wie der Däne behauptet hatte, aus Walstoßzahn bestanden? Wie viele der in der europäischen Geschichte überlieferten sagenhaften Gestalten hatten sich durch Forschungsreisen, so Reis Franco, zum Ende doch noch mit Bedeutung gefüllt? Aus dem Satyr der Antike war durch die Expeditionen der Ostindienkompanien der Orang-Utan geworden, ein Tier, das niederländische Mediziner als Vorbild des antiken Unholds identifiziert hatten. Der Vogel Roc, der riesenhafte Vogel der orientalischen Märchen, hatte vielleicht im Kondor, den die Spanier in der Neuen Welt entdeckten, sein Urbild gehabt. Warum sollte dem Einhorn in Zukunft nicht ein ähnliches Schicksal beschieden sein?

Die Mehrzahl der direkten Zeitgenossen Bartholins sahen sich von den Entdeckungen des Dänen überzeugt. Großgelehrte wie Thomas Browne, dessen *Pseudodoxia epidemica* zu den Klassikern humanistischer Medizin gehört, oder Isaac de La

Peyrère, der 1663 eine Beschreibung Grönlands veröffentlichte, konnten sich direkt auf Bartholin berufen. Peyrère, der im Zuge einer diplomatischen Mission durch Skandinavien reist, lässt sich die Hörner in Kopenhagen zeigen und daraufhin, wie er sagt, alle Einwände fallen. Auch der berühmte Anatom Nicolas de Tuulp, einer jener niederländischen Ärzte, die für Reis Franco den Satyr gefunden hatten, hat keine Schwierigkeiten, die Hypothese aus Kopenhagen vollständig zu übernehmen.

Seit etwa 1670 dringt die Einhorn-Debatte auch in den universitären Alltag ein. Sie wird zum Gegenstand akademischer Disputationen, also von Qualifikationsschriften, durch die Absolventen ihre Abschlüsse erhalten konnten. Wir finden solche Arbeiten, wie zu erwarten, vor allem an den Universitäten und akademischen Gymnasien Mittel- und Nordeuropas, in Wittenberg, Leipzig, Stargard oder Uppsala, und natürlich auch wieder in Kopenhagen. Die meisten dieser Thesen sind mehr oder weniger von den Arbeiten der Bartholin-Familie inspiriert und wiederholen deren Lektürefrüchte. Auch hier bemüht man sich um eine im weitesten Sinne ausgewogene Haltung. Niemand dieser Akademiker wagt mehr, das elegant dahingaloppierende Traumpferd zu reiten; sie waren aus den Schatzhäusern Europas vertrieben worden. Simon Frenzel, um nur ein Beispiel zu nennen, der im Jahre 1679 in Wittenberg zu den Einhörnern disputiert, beharrt auf der fiebersenkenden Kraft des Narwalstoßzahns und möchte ihn als Medikament auch bei Epilepsie zur Anwendung bringen. Die Existenz der Pferde-Einhörner in Afrika oder Zentralasien, so Frenzel gleichzeitig, war noch nicht hinreichend widerlegt worden. Als in Kopenhagen der Bartholin-Schüler Tycho Lassen Tychonius das Thema auf den Katheder bringt, kann er im Jahre 1706 vor allem ein Resultat der Auseinandersetzung mit den Hörnern herausstreichen: Es war eine Leistung der *dänischen* Nation gewesen, der Familie Bartholin und ihrer Freunde, die Hörner, die die Sammlungen der Fürsten geschmückt hatten, auf ihr authentisches Substrat zu reduzieren.

Offensichtlich kurieren wir Fieber heute nicht mehr mit geriebenem Narwalstoßzahn. Wann sorgte die Entdeckung der Stoßzähne dafür, dass der Glaube an die Heilkraft der vermeintlichen Hörner verschwand? Nicht ohne Verwunderung haben wir ja bereits festgestellt, dass der gleiche frühneuzeitliche Geist der Erfahrungswissenschaft, der den Narwalen in die Kunstkammern verholfen hatte, trotzdem weiter mit einem Interesse daran einherging, den Marktwert der Stoßzähne zu sichern. Eine jahrhundertelange Praxis ließ sich nicht einfach ignorieren, geschweige denn im Handstreichverfahren und im Alleingang abräumen, vor allem nicht, wenn sich damit viel Geld verdienen ließ.

Ein Musterbeispiel für die Rechtfertigung des Wunderhorns, die auf der Höhe ihrer Zeit war, liefert uns ein sonst kaum greifbarer Arzt aus Hamburg mit Namen Paul Ludwig Sachse. Wie sehr angespülte Wale die Zoologie der Meeressäuger im 17. Jahrhundert vorantreiben konnten, haben wir ja bereits gesehen. Auch de Tuulps Vorlage, die ihm mit Bartholin den Glauben an die Einhörner endgültig ausgetrieben hatte, war nach einem angespülten Walkadaver gezeichnet worden; und noch die in den Zoologien des frühen 18. Jahrhunderts beschriebenen Narwale beruhten auf der Zeichnung von zwei Kadavern, die es 1736 an die Wesermündung in Bremen und der Elbe bei Hamburg an Land getrieben hatte. Schon 1669 hatten Seeleute die Überreste eines ersten angespülten Narwals, Schädel, Brustflossen und Penis, nach Hamburg gebracht und dort einem Patrizier zu gediegenem Preis verkauft. Einige Jahre später erwirbt ein weiterer solventer Bürger der Hansestadt elf Stoßzähne. Dass es keine Einhörner mehr waren, stand also völlig außer Zweifel.

Auch Sachse begutachtet die teuren Kadaverreste und die Galerie an Stoßzähnen und erhält von Notabeln der Stadt den Auftrag, die Heilkraft der Hörner nachzuweisen. Die Methode, die Sachse gemeinsam mit seinem Vater, der ebenfalls als Arzt in Hamburg praktizierte, wählt, entspricht dem uns nun hinreichend geläufigen Verfahren, das Amatus Lusitanus vorgeschlagen hatte. Wie niemand vorher und nachher jedoch protokolliert Sachse die Versuchsreihe in seiner mehr als zweihundert Seiten umfassenden *Monocerologia*, der *Einhornkunde*, akribisch. Jedes vorschnelle Urteil sollte vermieden werden. Für die erste Versuchsreihe wählt Sachse Kaninchen. Vater und Sohn flößen den Tieren ein Extrakt der Brechnuss, der *nux vomica*, ein, die einen starken Anteil an Strychnin enthält, und geriebenen Walstoßzahn. Die Tiere zappeln und verenden als Folge des Giftes zügig, das »Horn« war scheinbar ohne Wirkung geblieben. Für die zweite Reihe wählen die Sachses Hunde als Probanden, die nun tatsächlich, nachdem Strychnin und Horn verabreicht wurden, auf die neue Substanz zu reagieren scheinen. Der Tod des ersten Hundewelpen ließ sich, wie Sachse erkennt, immerhin um fünf Stunden hinauszögern. Beim zweiten, schon ausgewachsenen Tier, wird die Dosis des Stoßzahns auf 25 Gramm erhöht, das Tier windet sich zwar in Konvulsionen, doch scheint im Anschluss gegen das Gift gewappnet zu sein. Erst als Sachse im zweiten Anlauf auch hier die Menge des Giftes erhöht, spuckt der Hund Blut und verendet. Beim nächsten Hund wird die Dosis des Giftes und des Therapeutikums aufgestockt und das Tier scheint zu überleben. Eine Gegenprobe zur Brechnuss, bei der Sachse Spiritus als Placebo wählt, sorgt dann für den Tod der beklagenswerten Kreatur. Dem Vorschlag des Amatus Lusitanus, die Versuchsreihe auf den Menschen auszudehnen, war Sachse offensichtlich nicht nachgekommen; für Selbstversuche standen er und sein Vater nicht zur Verfügung.

Für beide war das Resultat dennoch aussagekräftig genug: Walstoßzähne waren ein probates Heilmittel gegen Gift, ja mehr noch, alle Eigenschaften, die die Medizin der Vergangenheit den Einhörnern zugeschrieben hatte, gebührten den Narwalstoßzähnen in gleicher Weise. Sie waren mit anderen Worten ihr Geld wert.

Das langsame Ende des Wal-Wundermittels

Sachses *Monocerologia* darf als der letzte große Sieg des Einhorn-Medikamentes gelten. Das Werk des Hamburgers, der sonst nur noch einen Traktat zu Leberkrankheiten zu Papier brachte, wurde gerne und oft gelesen. Auch deshalb stoßen wir in medizinischen Handbüchern bis zum Beginn des 18. Jahrhunderts noch immer auf die Empfehlung, bei starkem Fieber geriebenes marines Einhorn zu verwenden. Der berühmte Friedrich Hoffmann aus Halle, dem die »Hoffmannstropfen« zu verdanken sind, führt See-Einhorn neben dem opiathaltigen Laudanum, Schwefeltinktur, Hirschhorn und vielen anderen Substanzen unter den Sedativen auf, ebenso auch Andreas Piquer, der für den spanischen König Fernando VI. als Arzt tätig war und den geriebenen Stoßzahn zu diesem Zweck in einer Reihe mit Kampfer, geriebener Koralle und Hirschhorn auflistet. Beide Mediziner hatten keine Illusionen über die Natur der Substanz, die sie verabreichten, doch waren sie fest davon überzeugt, dass ihr die besonderen Fähigkeiten durch das Aufdecken ihrer wahren Herkunft nicht abhandengekommen waren. Viele weitere medizinische Handbücher ließen sich noch hinzufügen.

Dennoch begann der Nimbus des Horns zu sinken, vielleicht auch weil sich die erwünschten Effekte beim Patienten allzu oft nicht einstellten, selbst wenn man noch so große Summen zum

Erwerb der Stoßzähne aufgewandt hatte. Lange nach Marini und Paré melden sich allmählich weitere Skeptiker zu Wort. Anton Deusing, ein Mediziner und Philosoph aus Groningen, gehörte zu den Gelehrten, die scheinbar zu beinahe jedem Sachverhalt eine eigene Abhandlung beisteuern konnten, ob es nun Werwölfe waren oder die Alraune. Dem Einhorn kann der Niederländer im Jahre 1659 nicht mehr viel abgewinnen, selbst wenn, so Deusing, ihre Existenz in Afrika nicht auszuschließen war. Dass man die europäischen Hörner jedoch aus Narwalschädeln zusammengeschraubt hatte, war hinreichend bewiesen worden. Schon als Deusing selbst, wie er berichtet, in Amsterdam die Knochen eines Narwals in Augenschein genommen hatte, war er sich sicher gewesen, dass die Bartholins dem alten Einhorn den Garaus gemacht hatten. Dennoch hört Deusing von niederländischen Ärzten immer wieder, dass sie den geriebenen Stoßzahn trotz alledem erfolgreich verabreichten. Der Mann aus Groningen stellt eine Frage, bei der man sich wundert, dass man sie nicht schon vorher in der medizinischen Fachliteratur hatte lesen können. War es immer, über all die Dekaden medizinischer Praxis hinweg, authentisches geriebenes See-Einhorn gewesen, das man verwendet hatte, oder hatte auch gewöhnliches Hirschhorn oder ein anderer Knochen oder Zahn genügt, um denselben Effekt zu erzielen? Über welche Garantien hatten die Ärzte verfügt? Wäre die Schlussfolgerung dann nicht, so Deusing, dass jede vergleichbare Substanz Fieber senken konnte und das Einhorn seinen Preis, auch als Narwalstoßzahn, nicht wert war? Ein Kollege Deusings aus Leiden, Cornelius Stalpart van der Wiel, gelangt zu einem ähnlichen Resultat. Wenn nie echte Einhörner in die Apotheken Europas gelangt waren, hatten die Walstoßzähne von dem mythischen Vorkredit gelebt, für den die pferdeartigen Kreaturen gesorgt hatten. Entfiel dieser Kredit, war der Narwalstoßzahn ein Horn oder Zahn wie jeder andere, seine Konsistenz unterschied sich kaum von ihnen. Dann aber konnte das *unicornu marinum* kaum noch einen Sonderstatus für sich in Anspruch nehmen.

Francis Bacon hatte es schon lange vorher, im Jahre 1623, auf den Punkt gebracht, auch ohne sich intensiver mit Walen auseinanderzusetzen. Für viele Zeitgenossen war das Einhorn in seiner Wertschätzung gesunken, so Bacon zur selben Zeit, als sich andere noch förmlich um die Substanz rissen, es war vielleicht nicht mehr wert als jede andere Knochen- oder Hornsubstanz. Als Michael Bernhard Valentini lange nach dem großen englischen Empiriker in seinem *Museum Museorum*, einem der vielen naturwissenschaftlichen Magazine der Epoche, im Jahrgang 1714 einen Artikel mit dem Titel »Von dem natürlichen und dem gegrabenen Einhorn« veröffentlicht, konstatiert er den Preisverfall, den das Horn in den vorangegangenen Jahrzehnten erleben musste. Hatte der Florentiner Arzt André Racq einst noch 4500 Pfund für ein Horn bezahlt, waren die Hörner nun »so gemein geworden, daß man eines numehr umb ein paar Dutzend Thaler kauffen kan«, wie François Pomet in seiner *Geschichte der Medikamente* berichtet.[49] Es war nur naheliegend, dass man den Preis nach unten korrigierte, ja es lohnte sich nicht einmal mehr, so Valentini, die Hörner noch zu fälschen.

Ausgestorbene Einhörner? Knochen im Harzboden

Hatten sich die Wege von Wal und Einhorn nun endgültig getrennt, nachdem auch die Heilkraft der »Hörner« fragwürdig geworden war? Das »See-Einhorn«, das *unicornu marinum*, sollte dem Narwal noch viele weitere Jahre als Artnamen anhaften, und sei es nur als Variante des »Narwals«. Carl von Linné

Rekonstruktion des »Quedlinburger Einhorns« vor der »Einhornhöhle« in Scharzfeld im Harz

und seine Schüler katalogisieren den Meeressäuger in ihrem Artensystem ebenso als »See-Einhorn« wie die Verfasser von Fundberichten, die Narwalskelette als Relikte des *unicorn-fish* der Royal Society in London zur Verfügung stellten.

Doch unsere Geschichte wäre nicht vollständig, wenn wir nicht noch auf eine Episode oder vielmehr eine Option eingehen würden, die sich schon mit Primerose und Sennert angedeutet hatte – fossile Einhörner. Angenommen, die Einhorn-Hörner der Gegenwart ließen sich fast vollständig durch Wale erklären, konnte es nicht möglich sein, dass die sagenhaften Kreaturen trotzdem einmal existiert hatten und zwischenzeitlich zumindest auf europäischem Territorium schlicht ausgestorben waren? Den Vertretern dieser Hypothese, die auf den ersten Blick ja nicht völlig unplausibel war, kamen zwei Dinge zu Hilfe: aktuelle Funde von Knochen, die sich nur schwer lebenden Tieren zuordnen ließen, und die schlichte Tatsache, dass die paläontologischen Kenntnisse der Zeit denkbar gering und durch Rahmenbedingungen wie die Annahme einer biblischen Sintflut mit zusätzlichen Hypotheken belastet waren. Es verwundert so nicht, dass einzelne Knochen zur Projektionsfläche der eigenen Träume wurden und scheinbar sogar die Lücke füllen konnten, die die Narwale gerissen hatten.

Zum Klassiker bis heute wurde das Einhorn von Quedlinburg, das nicht nur unter den Zeitgenossen ab 1680 für rege Diskussionen sorgte, sondern der »Einhornhöhle« bei Scharzfeld im Harz im Kreis Göttingen sogar ihren Namen gab. Im Jahre 1663, wie später ein Sohn eines der Beteiligten berichtet, stößt eine Gruppe von Kalkbrennern bei der Aushebung einer Kalkgrube vor Ort auf eine Ansammlung von Skelettteilen, einen Schädel und ein langes Horn, das nicht unweit der übrigen Knochen lag. Da sich auch im Schädel noch Reste eines Horns ausfindig machen ließen, ordnen die Arbeiter das frei liegende Horn dem Kopfstück zu. Die Bildung der Kalkbrenner war ausreichend, um sie, wie später überliefert wird, im Glauben zu bestärken, ein echtes Einhorn gefunden zu haben, das vielleicht sogar als Folge der schon in Kapitel 2 thematisierten Sintflut ums Leben gekommen war. Der Quedlinburger Kämmerer Johann Meyer, der sonst vor allem astronomische Kalender und Wetterratgeber in der Region verbreitete, sichtet die Überreste und verfasst eine Abhandlung über das *Einhorn zu Quedlinburg*, die sich heute leider nicht mehr greifen lässt, doch wohl als Ausgangspunkt aller weiteren Spekulationen diente. Vermutlich war es auch Meyer, der die Knochenteile in ihrer vielsagenden, noch heute bekannten Gestalt anordnete und diese Rekonstruktion als Zeichnung seinem Traktat beigab. Das Skelett wird im Anschluss der Äbtissin des Stiftes zu Quedlinburg übergeben, Anna Sophia I. von Pfalz-Birkenfeld. Es vergeht nur wenig Zeit, bis der Fund auf prominenter Seite Interesse weckt. Otto von Guericke, der Magdeburger Naturphilosoph, der der heutigen Universität zu Magdeburg seinen Namen geben sollte und heute vor allem durch seine Versuche mit dem Vakuum bekannt ist, berichtet in diesen berühmten *Experimenta* auch vom Einhorn zu Quedlinburg und liefert eine genaue Beschreibung des Skelettes, die er wohl Meyer entnommen hatte. Das Horn des Tiers maß nahezu fünf Ellen. Ob Guericke begleitend auch Meyers Zeichnung kursieren ließ, muss offenbleiben, auch wenn vieles dafürspricht. Von Guericke erfährt Gottfried Wilhelm Leibniz in Hannover von dem merkwürdigen Fund im Harz und behandelt das Einhorn in seiner ehrgeizigen Geologie, der *Protogaea,* die erst nach dem Fund des Großgelehrten erscheint. Leibniz druckt eine Skizze des rekonstruierten Skelettes ab, etwa zeitgleich mit dem schon genannten Michael Bernhard Valentini, der in seinem *Museum* eine leicht veränderte Zeichnung vorlegt. Noch etliche weitere Gelehrte inspizieren die Knochen vor Ort, darunter um 1730 auch Zacharias Uffenbach. Schon zu diesem Zeitpunkt lag das Skelett allerdings, wie Uffenbach in seinem Reisebericht notiert, nur noch in dezimierter Gestalt vor.

Der Glaube, dass man mit der Kreatur aus dem Harzboden ein pferdeähnliches Wesen mit Horn ausgegraben hatte, hielt sich tatsächlich bis weit über die Mitte des 18. Jahrhunderts hinaus. Als sich der Quedlinburger Bürgermeister Johann Wallmann im Jahre 1776 noch einmal im Stift die verbliebenen Knochen präsentieren lässt und vor Ort rund um den Zeunichenberg, wie er damals genannt wurde, die Nachkommen der damals beteiligten Kalkbrenner befragt, gelangt er ein weiteres Mal zu dem Schluss, dass kein Nashorn oder Elefant, wie naheliegen würde, ausgegraben worden sei, sondern wahrhaftig ein Einhorn. Auf zwei Beinen stehend hatte man das Wesen gefunden, und mit einem Horn, so erfährt Wallmann, das »Glasur und Farbe des Elfenbeins« besessen habe.[50] Heute ist man sich vergleichsweise sicher, dass das drollige Artefakt aus den Skelettteilen eines Mammuts und eines prähistorischen Nashorns zusammenmontiert wurde. Rätselhaft bleibt allerdings, auf welchem Wege das ungewöhnlich lange Horn, das den bekannten Narwalstoßzähnen gleicht, in die Grube gelangen konnte. Hatte man dieses Horn wirklich in derselben Knochengruppe gefunden? Oder hatte hier jemand, vielleicht der Quedlinburger Meyer, das Kunstwerk vollenden wollen und das zur Abrundung fehlende Stück, das auch im 17. Jahrhundert kaum gratis zu haben war, einfach auf den Schädel montiert? Schon vor 1776 waren nicht alle Gelehrten so euphorisch gewesen wie noch Bürgermeister Wallmann, den sicher auch der Lokalpatriotismus angetrieben hatte. Dass etliche der in der Umgebung gefundenen Knochen eindeutig als Überreste von Nashörnern, Elefanten, Bären oder anderer geläufiger Tiere identifiziert worden waren, hatte es der fossilen Wiederauferstehung der Einhörner schon Ende des 17. Jahrhunderts ziemlich schwer gemacht. Johann Goeze, der im Jahre 1786 noch einmal eine lange Studie zum Einhorn aus Quedlinburg vorlegt, war sich sicher, dass er es mit einem Nashorn und viel Vorstellungskraft zu tun hatte …

Auch wenn man nicht an das ertrunkene Einhorn glaubte, blieben in seinem Fahrwasser natürlich viele weitere Fragen zu beantworten. Waren die Tiere, deren oft seltsame Knochen man ausgrub, wirklich in der Sintflut ums Leben gekommen? Wie hatte es die Elefanten oder Nashörner aus Afrika nach Mitteleuropa verschlagen? War das Klima der Vergangenheit ein anderes gewesen? Oder konnte es sich, wie stellvertretend für viele andere Georg Behrens in seiner *Hercynia curiosa*, der großen Naturgeschichte des Harzes aus dem Jahre 1703, fragt, vielleicht um ungewöhnliche Gesteinsformationen handeln, um Produkte von Kalzinationsprozessen, die den Betrachter getäuscht hatten? Auch das *unicornu fossile*, das fossile Einhorn, wird zum Gegenstand akademischer Disputationen und Qualifikationsschriften, die vor allem in Deutschland, wo man die meisten Knochen gefunden hatte, und in Skandinavien entstehen. »Fossiles Einhorn« mutierte in diesen Kreisen zu einem Oberbegriff, der fast jede Form von prähistorischem Skelett miteinschließen konnte. Dass sich dabei wahrhaftige Einhörner unter der Erde verborgen hatten, erschien den Beteiligten allenfalls noch fabulös. Doch konnten es Knochen von Elefanten oder Walfischen gewesen sein? Oder waren es doch mineralische Bildungen, raffinierte Versteinerungen, die nur den Anschein von Skeletten erweckt hatten? Leicht fiel die Antwort nicht, auch weil niemand recht erklären konnte, warum es die Elefantenknochen zum Beispiel bis nach Thüringen gespült hatte. Dennoch sorgte die Bereitschaft der Geologen, möglichst viele Knochenfunde in Europa zu verzeichnen, dafür, dass ganze Kataloge von Skelettfunden angelegt wurden, die, wie zum Beispiel im Fall des Werks von Johann Lorenz Bausch, dem ersten Präsidenten der Leopoldina zu Halle, Dutzende von Seiten umfassen konnten.

Die Beschreibung von »fossilen Einhörnern« hatte in der zweiten Hälfte des 17. Jahrhunderts einen Nebeneffekt, der bisher völlig unbeachtet geblieben ist. Auch die Fossilien taugten als Medikament und ließen sich, zu Krümeln gerieben, wie man glaubte, bei Symptomen zum Einsatz bringen, bei denen schon das marine Einhorn, aber auch sein behufter Vorgänger Erfolg versprochen hatte. Der Greifswalder Mediziner Franciscus Joel hatte schon Ende des 16. Jahrhunderts geraspelte Tierknochen als Heilmittel gegen Fieber empfohlen. Ab etwa 1650 schien die marketingtechnisch verstärkte Aura der Walstoßzähne, die ja schon vom Glanz der alten Einhörner profitiert hatte, auch auf das fossile Einhorn übergegangen zu sein. Zumindest einige

Spanschachtel mit Einhornpulver, 18. Jahrhundert, Germanisches Nationalmuseum Nürnberg

Ärzte schworen auf fossiles Einhorn, das mit Wein versetzt wurde, wenn es um das Kurieren von Fieberkrankheiten ging. Ein Musterbeispiel für diese Praxis ist Johann Schröder, der nach langem Studium, Erfahrungen als Feldarzt während des Dreißigjährigen Krieges schließlich Stadtarzt von Frankfurt geworden war. Schröders *Pharmacopaea*, sein *Artzney-Schatz*, kursierte in mehreren Sprachen und konnte nach seinem Erstdruck 1644 fast hundert Jahre lang immer wieder neu aufgelegt und von neuen Fachleuten überarbeitet und erweitert werden. Schröders Einhorn-Rezepte wurden auf diesem Wege bis weit ins 18. Jahrhundert getragen. In der deutschen Fassung von 1747 versuchen Schröders Erben, allen Aspekten des fossilen Einhorns Rechnung zu tragen. Es gab »echtes« und »unechtes« Einhorn. Beim »unechten« Einhorn handelte es sich um ein Mineral, das als »milchiges Steinmark«, so Schröder, durch die Erde geflossen und verdickt worden war. Es schmeckte leicht nach Kreide und war wohlriechend, fast wie Quittenäpfel. Man fand es unter anderem im Harz, bei Hildesheim, in Thüringen und in vielen anderen deutschen Regionen. Das andere Horn bestand aus Knochen und Zähnen; auch die Narwalstoßzähne, die der »gemeine Mann« so lange für wahrhaftiges Einhorn gehalten hatte, fielen in diese Rubrik.[51] Im Unterschied zu den

»unechten« Hörnern waren diese »echten«, die sich ebenfalls der Erde abringen ließen, innen hohl, von gediegener Härte und besaßen keinen markanten Geschmack. Beiden Hornvarianten aber war gemeinsam, so Schröder, dass sie zwar keine Wunder wirken konnten, doch gegen Nasenbluten, Geburtsschmerzen, Geschwüre, entzündete Augen und in begrenztem Umfang auch gegen Gift wirksam waren. Schröder selbst hatte geriebenes Einhorn – er verrät uns nicht, ob »echtes« oder »unechtes« – auch einem Kind verabreicht, das eine Gewehrkugel verschluckt und im Anschluss unter schweren Krämpfen gelitten hatte, der Erfolg hatte sich unverzüglich eingestellt. Dass Einhorn auch gegen Fieber half, verstand sich zum Ende fast von selbst.

Die letzten Einhörner

Thomas Bartholin hatte sich, wie wir gesehen haben, in Kopenhagen noch von einem wahrhaft »echten« Einhorn berichten lassen, das man in Guinea gesehen haben wollte. Selbst wenn für die deutliche Mehrheit der Gelehrten inzwischen feststand, dass Einhörner nicht existierten, drangen immer wieder Nachrichten nach Europa, die den alten Traum mit neuem Leben füllen konnten. Hiob Ludolf fühlt sich berufen, in seiner *Historia aethiopica*, die am Anfang der modernen Äthiopistik stand, noch einmal auf die Einhörner einzugehen. Natürlich war das Einhorn, so der Mann aus Frankfurt, zu einem großen Teil eine Chimäre, die aus Narwalstoßzähnen, Sinnestäuschungen und Einbildungskraft montiert war. Zwischen dem geläufigen Nashorn und markant-grazilen Antilopen schien es dennoch in Abessinien noch immer eine dritte Kreatur zu geben, wie Ludolf glaubt, die etliche Reisende gesehen zu haben meinten. Das Tier war ansehnlich, zeichnete sich durch ein weißes, etwa fünf Handflächen langes Horn aus, besaß die Größe eines kleinen Pferdes, war von hellbrauner Farbe und trug einen schwarzen Schweif. Zumeist hielt sich die Kreatur in den Wäldern und nur selten auf freiem Gelände auf.

Einen ähnlich ambivalenten Erfolg erzielt ein anderer Forschungsreisender fast achtzig Jahre nach Ludolf. Als Anders Sparrman als Schüler von Carl von Linné in den Jahren von 1772 bis 1776 die Tierwelt Südafrikas in Augenschein nimmt, trifft er auf einen niederländischen Siedler mit Namen Jacob Kock, der ihm Sensationelles verkündet: Die einheimischen Khoisan hatten eine Kreatur beobachtet und durch eine Felszeichnung dokumentiert, die sich ihnen auf der Jagd gezeigt hatte, ein pferdeartiges Tier mit einem großen Horn auf der Stirn, das sie aufgrund seiner Gefährlichkeit und Geschwindigkeit kaum zu bedrängen wagten. Man könne es allenfalls durch Lärm anlocken und dann durch Giftpfeile erlegen. Weder der schwedische Explorateur noch sein holländischer Gewährsmann können sich vorstellen, dass sich die vertrauenswürdigen Einheimischen geirrt hatten oder älteren mythologischen Traditionen aufgesessen waren. Hatte man nicht auch das Gnu, die große Antilope, lange genug ebenfalls für eine Phantasmagorie gehalten? Sparrman sieht sich in seinem Optimismus bestätigt, als ihm der St. Petersburger Zoologe und Geograf Peter Simon Pallas, der vor allem Zentralasien kartografiert hatte, ein Schreiben zukommen lässt. Warum sollte, so Pallas, es in den Weiten der Steppen Afrikas nicht noch Antilopenarten geben, die schon in der Antike Anlass gegeben hatten, an das Einhorn zu glauben? Musste ein Reisender wie Ludovico de Varthema sich unbedingt geirrt haben? Pallas selbst entdeckt in der Mongolei in der Wüste Gobi die Saiga-Antilope, die, wie er nicht leugnet, aus der Ferne und im richtigen Winkel betrachtet, selbst wie ein Einhorn erscheinen musste.

Tatsächlich blieb Sparrman nicht der Einzige, der meinte eine einhornartige Kreatur in Südafrika ausfindig gemacht zu haben. Noch 1790, so kann man Ende des 18. Jahrhunderts in mehreren europäischen naturkundlichen Fachmagazinen lesen, gelingt es einer Gruppe von südafrikanischen Offizieren und Farmern auf einer Expedition ins Binnenland, eine Herde von Tieren aufzuspüren, deren Äußeres ihnen völlig unbekannt war. Einer der beteiligten Offiziere mit Namen Gerrit Slinger erlegt am Fuße des Tafelbergs im heutigen Nationalpark Camdeebo, eine Monatsreise mit dem Ochsenwagen von Kapstadt entfernt, ein Exemplar aus dieser Herde. Das Tier wies viele Züge eines Pferdes auf, doch trug es ein armlanges und spitzes Horn auf dem Haupt und war von gräulicher Farbe. Unter dem Kinn des Tiers zeichneten sich weiße Streifen ab, sein Schweif war, wie die Umstehenden festhalten, länger als der eines Pferdes und zugleich fleischiger und von kurzem Haar bedeckt. Dazu handelte es sich eindeutig um einen Paarhufer. Die einheimischen Khoisan, denen der Kadaver ebenfalls zur Begutachtung präsentiert wird, bestätigen der Gruppe, wie zuvor schon dem Schweden Sparrman, dass ihnen dieses Einhorn von Hunderten von Felszeichnungen der Umgebung geläufig war. Als der britische Südafrika-Reisende John Barrow Ende des 18. Jahrhunderts die gleiche Region durchquert, hat er aus diesem Grund berechtigte Hoffnung, dass neben den leicht identifizierbaren Nashörnern und unterschiedlichen zweihornigen Antilopenarten in den Wüsten am Kap der Guten Hoffnung auch *unicorns* ihre Heimat hatten. In einer Höhle in einem Felsmassiv in der Nähe des Riet River zeigt man Barrow endlich eine der Zeichnungen, von denen die Einheimischen berichtet hatten; sie fand sich neben schwer erkennbaren Skizzen und am Rand überlagert von der Darstellung eines Elefanten, doch so deutlich erkennbar, dass der britische Gelehrte sie als Faksimile abbilden kann. Barrow

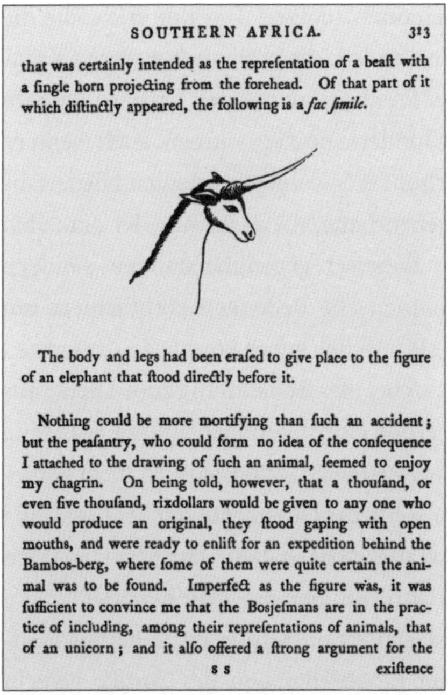
SOUTHERN AFRICA. 313

that was certainly intended as the repreſentation of a beaſt with a ſingle horn projecting from the forehead. Of that part of it which diſtinctly appeared, the following is a *fac ſimile.*

The body and legs had been eraſed to give place to the figure of an elephant that ſtood directly before it.

Nothing could be more mortifying than ſuch an accident; but the peaſantry, who could form no idea of the conſequence I attached to the drawing of ſuch an animal, ſeemed to enjoy my chagrin. On being told, however, that a thouſand, or even five thouſand, rixdollars would be given to any one who would produce an original, they ſtood gaping with open mouths, and were ready to enliſt for an expedition behind the Bambos-berg, where ſome of them were quite certain the animal was to be found. Imperfect as the figure was, it was ſufficient to convince me that the Bosjeſmans are in the practice of including, among their repreſentations of animals, that of an unicorn; and it alſo offered a ſtrong argument for the

S S exiſtence

John Barrow,
An Account of Travels into the Interior of Southern Africa, in the Years 1797 and 1798, London 1801

ist konsterniert: »Nothing could be more mortifying than such an accident.«[52] Er hatte das Einhorn gefunden; es war keine Einbildung gewesen und die Khoisan hatten nicht fantasiert. Ein lebendes Exemplar sieht auch Barrow nicht, doch berichtet ihm ein weiterer Niederländer vor Ort mit Namen Adrian van Yarfveld, er habe am Fuße des Bamboesberg eines der gesuchten Tiere schießen können. In seinem Vertrauen bestätigt, fügt Barrow im Anschluss in seine *Voyage to Cochinchina* ein ganzes Kapitel zu Einhörnern ein, an deren Existenz, wie der Fellow der Royal Society notiert, nun kein Zweifel mehr bestehen konnte.

Vergleichbare flirrende Erzählungen waren für manche Zoologen des ausgehenden 18. Jahrhunderts wie Johann Christian Schreber oder Eberhard Zimmermann noch immer Grund genug, dem Einhorn in ihrem Artensystem eine kleine Residualkategorie als Schlupfloch offenzuhalten. Der Empirie sollte die gleiche Chance gegeben werden, die man auch anderen Kreaturen eingeräumt hatte. Freunde konnte das Einhorn deshalb selbst Mitte des 19. Jahrhunderts noch gewinnen, auch wenn es schon Ende des 18. Jahrhunderts Zoologen wie den Niederländer Pieter Camper gegeben hatte, die nicht nur der aktuellen Existenz der Einhörner skeptisch gegenüberstanden, sondern auch grundsätzliche anatomische Bedenken vorbrachten, um auszuschließen, dass es sie wirklich geben könnte. In der ganzen Naturordnung, so Camper in einer Abhandlung zum Thema aus dem Jahre 1786, waren große Hornbildungen auf der Stirnseite eines Tiers, die einzeln herausragten, offensichtlich nicht vorgesehen gewesen. Warum sollte die Geschichte der Huftiere eine vergleichbare Ausnahme zugelassen haben? Trotzdem lässt sich der Afrika-Reisende Eduard Rüppell um 1820 bereitwillig von einhornähnlichen Unpaarhufern in Kurdufan im heutigen Sudan berichten, die allen Beschreibungen der Antike gerecht wurden. Sollten sich die Reisenden der Vergangenheit denn alle ebenso getäuscht haben, so Rüppell, wie die Übersetzer der Heiligen Schrift? Zumindest die Suche nach dem Einhorn sollte man daher nicht aufgeben.

In die gleiche Kerbe schlägt einige Jahre später Fulgence Fresnel, der für Frankreich als Konsul in Jeddah tätig war und der französischen Akademie in einem Schreiben im Jahre 1844 ebenfalls von Einhörnern berichtete, die man in der Gegend um Darfur gesehen haben wollte. Sie glichen allerdings eher Kamelen, wie Fresnel notiert, waren von untersetzter Gestalt und auch sonst wenig anmutig. Die Jagd nach diesen Tieren gestaltete sich, ganz wie die uns nun geläufige Tradition verlangt hatte, für die Einheimischen denkbar gefährlich, war das Einhorn doch jederzeit in der Lage, seinen berittenen Gegner mit seinem Horn aufzuspießen. Auch die Haut der äußerst wendigen Kreaturen ließ sich kaum mit einem Speer durchdringen. Getötet wurden die Tiere daher im Regelfall durch eine Vielzahl von Lanzenstichen in den Rücken und die Flanken, als deren Resultat die Einhörner langsam verbluteten. Ein weiteres dieser Tiere, die von den Einheimischen *Anasa* genannt wurden, war, wie der französische Diplomat erfährt, auf der Jagd verendet, nachdem es in einem Moment äußerster Aggressivität mit seinem Horn vergeblich versucht hatte, einen Felsbrocken emporzuheben. Sein Horn war dabei zerbrochen und das Tier seinem Blutverlust erlegen. Als der deutsche Ornithologe Baron Johann von Müller, der auch die Berichte Rüppells und Fresnels referiert, im Anschluss selbst in den Sudan in die Region Kurdufan reist, lässt er sich vor Ort von weiteren Sichtungen des Einhorns erzählen. Müllers Augenzeuge, ein Schriftgelehrter mit Namen Fak-Achmed, schwört einen Eid, das Tier wirklich lebend in der afrikanischen Steppe gesehen zu haben.

Einen seiner endgültig letzten Auftritte in einem Text, der im weitesten Sinn noch der Fachliteratur angehört, hat unser Einhorn ungleich weiter im Osten, in Bhutan. Er mag symptomatisch für das sein, was das gehörnte Tier über die Epochen hinweg ebenfalls am Leben halten konnte, die Freude am Erzählen. Der englische Offizier Samuel Turner war im Auftrag der Krone beim Rajah in Bhutan, um eine Expedition nach Tibet vorzubereiten. Seinen Gästen vertreibt der Monarch unter Musikbegleitung die Zeit mit Geschichten, die vor allem ferne Regionen betreffen. Nachdem Turner selbst von Europa berichtet hat, nimmt der König den Faden wieder auf und erzählt von einer Völkerschaft weit entfernt von seinem kleinen Reich im Osten, dessen Angehörige nur acht Fuß hoch waren, und einem weiteren Volk, in der Nähe von Assam, die, mit einem Schweif versehen, sich jedes Mal eine Grube ausheben mussten, um bequem zu sitzen. Außerdem habe der König eine Kreatur unter den Tieren seiner

Menagerie besessen, die wie ein Pferd wirkte, doch ein großes Horn auf der Stirn trug. Turner meint sofort ein Einhorn zu erkennen, bleibt jedoch skeptisch. Der Rajah bekräftigt, die Überreste des Tiers fänden sich noch in Tashichho-Dzong, der königlichen Festung, wo man sie in religiösen Ehren halten würde, Turner könne sie gerne begutachten. Zu einem Besuch vor Ort kommt es jedoch nicht mehr.

Koda

Das Mondeinhorn

Am Anfang unseres Buches stand die Frage nach der anhaltenden Faszination am Einhorn, die, bis hin zum sibirischen »Scheinhorn«, mitunter auch die vermeintlich empirisch geleitete Beschreibung der Welt beeinflussen kann. Dieser Zusammenhang von Wissenschaft und Wunschvorstellung wurde auch gezielt instrumentalisiert, wie der vielleicht berühmteste Hoax des frühen 19. Jahrhunderts zeigt, der als der »Große Mondschwindel« in die Mediengeschichte eingegangen ist. Er bildet den Endpunkt der frühneuzeitlichen Einhornjagd – und zugleich den Abschluss unseres Rundganges durch die Faszinationsgeschichte des Einhorns seit der Antike.

Die Astronomie hatte zum Ende des 18. Jahrhunderts erhebliche Fortschritte gemacht und konnte bedeutende Entdeckungen vorweisen, nicht zuletzt, wenn auch nur in sondierender Form, die heute selbstverständlichen Schwarzen Löcher, deren Existenz John Michell im Jahre 1783 in einem berühmten Papier als Möglichkeit in Betracht gezogen hatte. Die revolutionären Entdeckungen waren vor allem dem Spiegelteleskop des deutsch-englischen Astronomen William Herschel zu verdanken. Auch Herschels Sohn John war ein berühmter Astronom, der eine Fülle von Sternen kartografierte und zu diesem Zweck auch ausgedehnte Reisen unternahm, nicht zuletzt nach Südafrika. 1835 erschien in der *New York Sun* eine Serie von Artikeln, die die Nachthimmel-Expeditionen Herschels aufgriffen. Ein neues Spiegelteleskop sei in der Nähe von Kapstadt zum Einsatz gekommen – so hieß es zumindest in dem fingierten Zeitungsbericht eines gewissen Andrew Grant, der sich als Mitarbeiter von Herschel ausgab. Und er schrieb weiter: Das Teleskop habe in jeder Hinsicht revolutionäre Erkenntnisse zutage gefördert. Der amerikanische Journalist Richard Adams Locke, der die Artikel in Wirklichkeit verantwortete, war ein Meister der pseudowissenschaftlichen Inszenierung und wusste zugleich, wie er die Erwartungshaltung seines schon bald internationalen Publikums bedienen und die Spannung aufrechterhalten konnte. Locke hatte für die *New York Sun* vorher eine denkbar reißerische Artikelserie vorgelegt, die sich mit dem selbst ernannten Propheten Robert Matthews, einem mutmaßlichen Mörder und Ehebrecher, auseinandergesetzt hatte. Sein Chefredakteur hatte dem Journalisten 150 Dollar, eine für damalige Verhältnisse sehr gediegene Summe, in Aussicht gestellt, wenn ihm ein weiterer Scoop dieser Art gelingen würde. Dazu kam, dass man die Frage, ob der Mond bewohnt sei, in diesen Jahren auch im Kreis einiger Astronomen mit großer Leidenschaft diskutiert hatte, die Öffentlichkeit also entsprechend vorbereitet war.

Locke wollte liefern: Nach einem Feuerwerk an Fachbegriffen, die den Beiträgen einen zutiefst seriösen Anstrich verliehen und das Superteleskop einführten, begannen die nachfolgenden Artikel damit, die Entdeckungen Herschels preiszugeben. Die Neugierde war enorm und die Auflage der *Sun* war binnen kurzer Zeit auf fast 20 000 Exemplare pro Tag angestiegen. Wie einer Drohne, so legten die Artikel nahe, war es dem Hochleistungsteleskop gelungen, die Oberfläche des Mondes abzusuchen. Zunächst seien großzügig angelegte Felder entdeckt worden, auf denen Grant und seine Kollegen Pflanzen ausfindig machten, die, wie es hieß, der irdischen Klatschrose entsprachen, dann ließ sich sogar ein Tannenwald identifizieren. Nach majestätischen Quarzformationen und Ödland folgte dann für die Astronomen, die immer neue Linsen in ihr Teleskop schoben, die nächste Überraschung: Der Erdtrabant verfügte auch über eine Fauna. Als erstes Tier entdeckte man einen Bison, dessen Hörner die Tiere vor dem Sonnenlicht schützten. Dann trat vor das Fernrohr, was uns hier interessiert: Dr. Herschel, so der vermeintliche Grant, erkannte noch eine weitere Kreatur, »bläulich, bleifarben, von der Größe einer Ziege, und mit einem einzigen, ein wenig nach vorn gekrümmten Horn«.[53] Es ähnele einer Antilope, bewege sich mit Anmut und behender Geschwindigkeit und entziehe sich, wie es hieß, dem Auge des Betrachters immer wieder. Einhörner sind offensichtlich, wie wir das nun aus der Tradition kennen und wie auch die Briten an ihrem Teleskop feststellen mussten, außerordentlich scheu. Herschel und seine Leute sichteten an den nachfolgenden Tagen noch viele weitere lunare Tierarten, nicht zuletzt eine Variante des Pelikans, doch erhielt der Flecken der Mondoberfläche nach seinen augenfälligsten und markantesten Bewohnern für sie fortan den Namen »Thal des Einhorns«.[54] Natürlich blieb es nicht bei diesen Sensationen, denn den Betreibern des afrikanischen Observatoriums gelang es nach der Beobachtung von weiteren, sorgfältig einer neuen Taxonomie unterworfenen Kreaturen, auch noch die wahren Herren des Mondes aufzuspüren. Es handelte sich um geflügelte, fledermausartige Menschen, die wie Engel über die Oberfläche des Erdtrabanten gleiten. Mit deren Glanz konnten auch die lunaren Einhörner, was die öffentliche Aufmerksamkeit anging, nicht mehr konkurrieren. Es war also kein Wunder, dass sie, was das öffentliche Echo der in mehrere Sprachen übersetzten Artikel betraf, in den Hintergrund treten mussten.

Die akademische Wissenschaft, in Gestalt unter anderem des Direktors der Pariser Sternwarte und Mitglieds der Akademie der Wissenschaften, François Arago, reagierte, trotz aller zeitgenössischen Mutmaßungen über die mögliche Atmosphäre des Erdtrabanten, eher verschnupft auf die Artikelserie der *Sun*: Weder lägen Belege für Leben auf dem Mond vor, noch verfüge man, so Arago, über geeignete Instrumente, um es ausfindig zu machen. Man fühlte sich bloßgestellt. Herschel selbst soll allerdings, als man ihm von der Angelegenheit berichtet hatte, in schallendes Gelächter ausgebrochen sein. Eine deutschsprachige Zeitung wie der *Vaterländische Pilger*, den Karl Jurende herausgab, nannte Lockes Werk im Jahre 1837 eine »plumpe und hämische Satyre auf verdienstvolle Männer wie Sir John Herschel«, druckte aber dennoch weite Teile aus den Artikeln ab, als man im Kaiserreich selbst über den »Mond der Erde« berichten wollte. Auch das anmutige Einhorn, das man entdeckt haben wollte und »das man auf der Erde wohl für eine Mißgeburt halten würde«, wurde nicht verschwiegen.[55] Doch ob wirklich höheres Leben auf dem Mond möglich war, wollten Jurendes Journalisten lieber unbeantwortet lassen, selbst wenn das Universum dafür die unterschiedlichsten Optionen bot. Der Mangel an Luft und Wasser auf dem Erdtrabanten würde in jedem Fall dafür sorgen, so die Meinung, dass die Flora und Fauna des Mondes eine zur Gänze andere Gestalt annehmen musste, ohne jede Gemeinsamkeit mit den bisher bekannten Lebensformen. Das Einhorn mit seinen traditionsreichen irdischen Attributen war für das Leben auf dem Mond schlicht nicht fantastisch genug. Damit war auch die vielleicht letzte Option, die Existenz der Tiere noch zu retten, indem man ihren Lebensraum in ein extraterrestrisches Reservat verlegte, dahin – und das Einhorn wurde endgültig zum Fabelwesen deklariert.

Dank

Unsere eigene Faszination an den Einhörnern hält nun schon viele Jahre an. Was sie – neben unseren produktiven Gesprächen über die Wissens- und Wissenschaftsgeschichte der Tiere und Mischwesen – immer wieder befördert hat, ist nicht zuletzt das anhaltende Interesse am Thema, das uns in den unterschiedlichsten Zusammenhängen, inner- wie außerhalb der Universität, entgegengebracht wird und das mitunter auch Symptome einer Obsession, eines regelrechten »Unicornismus«, aufweist. Ohne dieses Interesse gäbe es unser Buch nicht. Zu seiner Konzeption und Entstehung haben viele Menschen beigetragen, allen voran hat Nina Sillem ebenso liebevoll wie hartnäckig so lange darauf gedrungen, es zu schreiben, bis wir nachgegeben haben. Wertvolle Anregungen zum Manuskript gaben uns Martin Dönike und Ulrike Tarnow, denen wir dafür herzlich danken. Für die freundliche und sorgfältige Betreuung im Hanser Verlag danken wir Annika Domainko, für die Unterstützung bei den Recherchen und der Einrichtung haben wir Æther Flachmann (Köln), Falco Weber und Anja Schwarzbach (Berlin) sehr zu danken.

Anmerkungen

1 J. K. Rowling, Harry Potter und der Feuerkelch, Carlsen 2000, S. 418.
2 J. K. Rowling, Harry Potter und der Feuerkelch, Carlsen 2000, S. 421.
3 Andreas Krass, Die Spur des Einhorns. Phantastische Tiere und woher sie kommen, in: Julia Benner – Lea Braun (Hgg.), Merlin in Bermuda-Shorts. Mittelalterliche Stoffe in Kinder- und Jugendmedien, München 2019 (kjl&m 19.extra), S. 117–136.
4 https://www.youtube.com/watch?v=JpSRdM46W8Q [12.08.22].
5 Sonja Ariel von Staden, Das Einhorn. Beschützer und Begleiter für die Neue Zeit, Darmstadt 2011, dort z. B. zu Epona S. 151–156.
6 Michael Blume, Die Wiederkehr der Einhörner. Eine pragmatische Analyse einer neureligiösen Glaubensbewegung, in: Marie-Luise Raters (Hg.), Warum Religion? Pragmatische und pragmatistische Überlegungen zur Funktion von Religion im Leben, München 2015, S. 50–70, S. 52.
7 Dietmar Dath, Das Glück der Wiehervereinigung, in: FAZ 232 (6.10.2017), S. 11.
8 https://video.vice.com/en_us/video/unicorns/562612ab9280d39a346edcco?-playlist=58f4e4a43518cb7a7be500ce
9 Barbara Drake Boehm nimmt an, dass die Hofmänner sich zum Turnier als Einhörner verkleidet hätten, aber die Quelle, eine *Histoire des ducs de Bourgogne de la maison de Valois* des Baron de Barante, schweigt darüber. Amable-Guillaume-Prosper Brugière, baron de Barante, Histoire des ducs de Bourgogne de la maison de Valois 1364–1477, Bd. 6, Brüssel 1839, S. 238–241. Vgl. Barbara Drake Boehm, A Blessing of Unicorns: The Paris and Cloisters Tapestries (= The Metropolitan Museum of Art Bulletin 78.1), New York 2020, S. 22.
10 http://web.de/magazine/wissen/lebten-menschen-einhoernern-31463742 [01. April 2016]. Vgl. auch die Meldung im »Guardian«: https://www.theguardian.com/science/2016/mar/29/siberian-unicorn-extinct-humans-fossil-kazakhstan [29. März 2016].
11 https://twitter.com/calacademy/status/714510396372090880 [28. März 2016]
12 http://web.de/magazine/wissen/lebten-menschen-einhoernern-31463742 [01. April 2016]. Vgl. auch die Meldung im »Guardian«: https://www.theguardian.com/science/2016/mar/29/siberian-unicorn-extinct-humans-fossil-kazakhstan [29. März 2016].
13 Jan Schwenkenbecher, Das Scheinhorn, in: SZ-Magazin [20. Juli 2018].
14 Claudius Aelianus, On the Characteristics of Animals (3 Bde.), hg. von A. F. Schoolfield, Cambridge 1958–59, Bd. 3, Liber XVI, § 20, griechisch und englisch, S. 288 f.

15 Petrus Damiani, Briefe (4 Bde.) (MGH – Epistulae: Die Briefe der deutschen Kaiserzeit), hg. von Kurt Reindel, München 1983–93, Nr. 107 (alte Zählung, 1, 16), Bd. 3, S. 187, und Nr. 86 (alte Zählung, 2, 18), Bd. 2, S. 492.

16 Albertus Magnus, De animalibus libri XXVI (2 Bde.), hg. von H. Stadler, Münster 1920, Liber XXII, Bd. 2, § 144, S. 1426.

17 Christoph Wilhelm Baron Harant, Der Christliche Ulysses, oder Weit-versuchte Cavallier, fürgestellt in der denckwürdigen Bereisung so wol dess Heiligen Landes, als vieler andrer morgenländischer Provintzen, Nürnberg 1678 (zuerst tschechisch 1608), Ander Theil, S. 645.

18 Simpson's Bible Stories, S10E18 The Simpson's, R: Nancy Kruse, USA 1999.

19 Zitiert nach Hilkert Weddige: Einführung in die germanistische Mediävistik, 7., durchges. Aufl. München 2008, S. 65.

20 Physiologus. Griechisch/Deutsch, übers. und hg. von Otto Schönberger, Stuttgart 2001, S. 39.

21 Jürgen Werinhard Einhorn, Spiritalis unicornis. Das Einhorn als Bedeutungsträger in Literatur und Kunst des Mittelalters, München 1976, S. 44.

22 Physiologus, S. 39.

23 *Man nimet eine maget. Unde leittet si an die stat, da der Einhurne emzlichen wiset nach der sinen spise. die maget reine laet man da sizzen eine. So si gesihet der Einhurn, so springet er ir an ir barm unde slaeffet danne: so wirt er gevangen.* Christian Schröder, Der Millstätter Physiologus. Text, Übersetzung, Kommentar, Würzburg 2005, 28 u. 29, S. 74.

24 *got wart gelich getan dem bilde unsires sundigen lichnam. do verdamnot er unsir sunde mit sines lichnamen wunden.* Schröder, Millstätter Physiologus, 37, S. 78.

25 *Mit dem willen sines vater in die wamben chom er der unberuorten magede: »do wart daz wort ze vleische getan alsus unde wonet ze genaden in uns.«* Schröder, Millstätter Physiologus, 36, S. 78.

26 *Aber die iounchfrawe die daz swert truog do die sach . daz es entslaffen waz. in der schos irer gespiln . die sluog im sein haubt ab .vnd toetet ez . die ander vieng sein pluot . in daz pech. Vnd von dem pluot hiezz im der chuenich machen ein purpur.* Gesta Romanorum. Das ist der Rœmer Tat, hg. von Adelbert Keller, Quedlinburg/Leipzig 1841, S. 129.

27 Zitiert nach Einhorn, Spiritalis unicornis, S. 72.

28 José Ortega y Gasset, Meditationen über die Jagd. Mit Radierungen von Johann Elias Ridinger, 3. Aufl. Stuttgart 1978, S. 30.

29 *Da [in Indien] sint ouh einhúrnin: / den in der welte nieman / mit mannis kraft betwingin kann, / so starch ist er und alse balt. / sin lip ist alse ein ros gestalt. / hirzis houbit hat er vor, / das treit er vientlich embor. / sine site sint unsuoze. / er treit helfandis fuoze. / er ist gezagil als ein swin. / emmiten an der stirnin sin / hat er ein horn reht als ein glas, / vier fuoze lanc, als ich ez las: / vor deme kann sih niht irwern / noh mit dekeinir wer genern: / alse úbil ist das selbe tier, / so starch, so zuornic und so fier / ist ez und also unverzaget / das es niht wand ein reinú magit / gevahin mag […].* Rudolfs von Ems Weltchronik, hg. von Gustav Ehrismann, Berlin 1915, V. 1767–1786, S. 25.

30 *Ist abir das si ist ein wip / und megde namin ir selbin giht, / so lat er si genesin niht / und zeigit an ir grozin zorn: / durh sie so stichet er das horn / und richet an ir die valscheit / die si von ir selber seit.* Rudolfs von Ems Weltchronik, V. 1793–1799, S. 25.

31 *Agly daz wiplich bilde / hazzt das gejægde; / si sprach zu der mægde: / ›du bist ein tœrinne. / war hastu dine sinne / getan? Wiltu ain tier dich / lan ertœten daz sich / niht verstat umm sache kain? / und wærstu aller mægde rain, / zwar, ez nimpt dir den lip.‹* Johann von Würzburg Wilhelm von Österreich aus der Gothaer Handschrift, hg. von Ernst Regel, Berlin 1906, V. 18886–18895, S. 268.

32 Gottfried von Straßburg, Tristan. Mittelhochdeutsch/Neuhochdeutsch (3 Bde.), übers. und hg. mit Nachw. und Komm. von Rüdiger Krohn, 15. Aufl. Stuttgart 2017, Bd. 2, V. 17283–17307, S. 442.

33 *als ein gemischet rose.* Tristan, Bd. 2, V. 17566, S. 459.

34 Tristan, Bd. 2, V. 17618–17626, S. 461.

35 *ein reizel minnen gir.* Wolfram von Eschenbach, Parzival. Mittelhochdeutsch/Neuhochdeutsch (2 Bde.), übers. und Nachw. von Wolfang Spiewok, Stuttgart 1981, Bd. 2, 508,28, S. 134.

36 *Der triuwe ein monîzirus, / sît ich die wârheit sprechen kan, / sus was mîn erwünschet man. / daz tier die meide sollten clagen: / ez wirt durch reinekeit erslagen. / ich was sîn herze, er was mîn lîp: / den vlôs ich vlüstebaerez wîp.* Parzival, Bd. 2, 613,22–28, S. 310.

37 *Der einhürne in megede schôze / gît durch kiusche sînen lîp. / dem wild ich mich wol genôze, / sît ein reine saelic wîp / mich verderbet; an den triuwen, / riuwen mac si der gerich.* Burkart von Hohenfels, in: Carl von Kraus (Hg.), Deutsche Liederdichter des 13. Jahrhunderts (2 Bde.), Berlin/New York 2011, Bd. 1, II,5, S. 34.

38 Richard de Fournival, Das Liebesbestiarium, aus dem Französischen des 13. Jahrhunderts übertragen und mit einem Essay von Ralph Dutli, Göttingen 2014, S. 26.

39 Fournival, Liebesbestiarium, S. 26 f.

40 Fournival, Liebesbestiarium, S. 27.

41 Fournival, Liebesbestiarium, S. 71.

42 Georg Scheibelreiter, Wappen im Mittelalter, Darmstadt 2013.

43 Adolfo Salvatore Cavallo, The Unicorn Tapestries, New York 1998, S. 71.

44 Cavallo, The Unicorn Tapestries, S. 53.

45 Jes 65.25.

46 Girolamo Cardano, De subtilitate libri XXI, Lyon 1559, Liber X, S. 405.

47 Ulysses Aldrovandi, De quadrupedibus solidipedibus volumen integrum, Bologna 1616, Liber I, S. 394.

48 Johann Coler, Oeconomiae oder Hausbuchs. Sechste und letzte Theil, zum Calendario perpetuo gehörig, Pharmocopaeus oder Haußapotheck genannt, Wittenberg 1615, Buch 19, c. 35, S. 903, c. 38, S. 938.

49 Michael Bernhard Valentini, Museum Museorum, Oder Vollständige Schau-Bühne Aller Materialien und Specereyen, Frankfurt 1714, Drittes Buch, c. 30, S. 482.

50 Johann Wallmann, Abhandlung von den schäzbaren Alterthümern der hohen Stiftskirche zu Quedlinburg, die mit Anekdoten, besonders der kaiserlichen ottonischen Familie, erläutert worden, nebst der Geschichte eines bey Quedlinburg ausgegrabenen Einhorns, Quedlinburg 1776, c. 10, S. 130.
51 Johann Schröder, Pharmacopaea universalis, das ist Allgemeiner Medicinisch-Chimischer Artzney-Schatz, Nürnberg 1747, Drittes Buch, c. 8, S. 703.
52 John Barrow, An Account of Travels into the Interior of Southern Africa, in the Years 1797 and 1798, London 1801, S. 313.
53 Richard Adams Locke, Neueste Berichte vom Cap der guten Hoffnung über Sir John Herschel's höchst merkwürdige astronomische Entdeckungen, den Mond und seine Bewohner betreffend, Hamburg 1836, S. 66.
54 Ebd., S. 69.
55 Der Mond der Erde, in: Jurende's Vaterländischer Pilger 24, S. 35–64, hier S. 37, S. 55.

Literatur

Roger Ariew, »Leibniz on the Unicorn and various other Curiosities«, in: Early Science and Medicine 3 (1998), S. 267–288.

Stephen Bamforth, »On Gesner, Marvels and Unicorns«, in: Nottingham French Studies 49 (2010), S. 110–145.

Rüdiger Robert Beer, *Einhorn. Fabelwelt und Wirklichkeit,* München 1972.

Samuel Bochart, *Hierozoicon, sive, bipertitum opus De animalibus Sacrae Scripturae* (2 Bde.), London 1663.

Barbara Drake Boehm, *A Blessing of Unicorns: The Paris and Cloisters Tapestries* (The Metropolitan Museum of Art Bulletin 78.1), New York 2020.

Samuel Bochart, *Hierozoicon, sive, bipertitum opus De animalibus Sacrae Scripturae* (2 Bde.), London 1663.

Adolfo Salvatore Cavallo, *The Unicorn Tapestries*, New York 1998.

Véronique Decaix, »Porquoi y croire?«, in: Jocelyn Benoist – Véronique Decaix (Hgg.*), Licornes. Celles, qui existent, et celles, qui n'existent pas*, Paris 2021, S. 179–196.

Todorova Desislava Dimitrova, *Der Reisebericht des Anders Sparrman. Eine wissenschafts- und ideenhistorische Untersuchung*, München 2021.

C. J. Duffin, »›Fish‹, Fossil and Fake. The medicinal Unicorn horn«, in: C. J. Duffin – C. Gardner-Thorpe – R. T. J. Moody (Hgg.), *Geology and Medicine. Historical Connections*, London 2017, S. 211–260.

Jürgen Werinhard Einhorn, *Spiritalis unicornis. Das Einhorn als Bedeutungsträger in Literatur und Kunst des Mittelalters*, München 1976.

Alain Erlande-Brandenburg, *La dame à la licorne*, Paris 1993.

Margaret B. Freeman, *The Unicorn Tapestries*, New York 1976.

Axel Garboe, *Enhjørningen især i natur- og lægevidenskabens historie*, Kopenhagen 1915.

Axel Garboe, *Thomas Bartholin. Et Bidrag til dansk natur- og lægevidenskabs historie i det 17. aarhundrede* (2 Bde.), Kopenhagen 1949.

José Ortega y Gasset, *Meditationen über die Jagd.* Mit Radierungen von Johann Elias Ridinger, 3. Aufl. Stuttgart 1978.

Willem P. Gerritsen, De Eenhorn en de Apothekers. Opvattingen omtrent de antitoxische werking van ›eenhoornhoorn‹ in het laatste kwart van de 16e en het eerste kwart van de 17e eeuw, in: Gewina 30 (2007), S. 1–10.

Willem P. Gerritsen, *Het spoor van de eenhorn. De geschiedenis van een dier dat niet bestaat*, Leiden 2011.

James Cross Giblin, *The Truth about Unicorns*, New York 1991.

Lise Gotfredsen, *Enhjørningen*, Kopenhagen 1992 (auch englisch 1999).

Syrinx von Hees, *Enzyklopädie als Spiegel des Weltbildes. Qazwinis Wunder der Schöpfung. Eine Naturkunde des 13. Jahrhunderts*, Wiesbaden 2002.
Viðar Hreinsson, *Jón lærði og náttúrur náttúrunnar*, Reykjavík 2016.
Fritz Krafft, »Gottfried Wilhelm Leibniz oder Otto von Guericke? – Protogaea oder Experimenta nova Magdeburgica? Die Rekonstruktion des vermeintlichen Einhorns von Quedlinburg«, in: Sudhoffs Archiv 99 (2015), S. 166–208.
Fritz Krafft, »Die Mär um das vermeintlich Guerickesche Einhorn«, in: Monumenta Guerickiana – Zeitschrift der Otto-von-Guericke-Gesellschaft 25/26 (2015), S. 37–56.
Andreas Kraß, »Sirenen und Zentauren. Geschlechterverhältnisse in vormodernen Bestiarien, Alfred Hitchcocks Film »The Birds« (1963) und Joanne K. Rowlings Buch »Fantastic Beasts and Where to Find Them« (2001), in: Andreas Höfele – Beate Kellner (Hgg.), *Natur Geschlecht Politik. Denkmuster und Repräsentationsformen vom Alten Testament bis ins 18. Jahrhundert*, München u. a. 2020, S. 299–324.
Andreas Kraß, »Die Spur des Einhorns. Phantastische Tiere und woher sie kommen«, in: Julia Benner – Lea Braun (Hgg.), *Merlin in Bermuda-Shorts. Mittelalterliche Stoffe in Kinder- und Jugendmedien*, München 2019, S. 117–136.
Lothar Kopf, »The Zoological Chapter of the Kitāb al-Imtā' wal-Mu'ānasa of Abū Ḥayyān al-Tauḥīdī (10th Century)«, in: Osiris 12 (1956), S. 390–366.
Remke Kruk, »Timotheus of Gaza's On ›Animals‹ in the Arabic Tradition«, in: Le Museon 114 (2001), S. 355–387.
Chris Lavers, *The Natural History of Unicorns*, London 2009 (auch deutsch 2013).
Todd McLeish, *Narwhals. Arctic Whales in a melting World*, Seattle 2013.
Natalie Lawrence, *Greenland Unicorns and the Magical Alicorn*, https://publicdomainreview.org/essay/greenland-unicorns-and-the-magical-alicorn [12.08.22]
Johann Wilhelm von Müller, *Das Einhorn vom geschichtlichen und naturwissenschaftlichen Standpunkte betrachtet*, Stuttgart 1852.
Michel Pastoureau – Elisabeth Taburet-Delahaye, *Les secrets de la licorne*, Paris 2013.
Bernd Roling, »Der Wal als Schauobjekt. Thomas Bartholin (1616–1680), die dänische Nation und das Ende der Einhörner«, in: Paul J. Smith – Karl A. E. Enenkel (Hgg.), *Zoology in Early Modern Culture. Intersections of Science, Theology, Philology and Political and Religious Education*, Leiden 2014, S. 172–196.
Arend Quack, »Eine nordische Runen-Inschrift in Utrecht«, in: Amsterdamer Beiträge zur älteren Germanistik 21 (1984), S. 73–83.
Guido Schönberger, »Narwal-Einhorn. Studien über einen seltenen Werkstoff«, in: Städel-Jahrbuch 9 (1935/36), S. 167–247.
Odell Shepard, *The Lore of the Unicorn*, London 1967 (zuerst 1930).
Sjón, *Das Gleißen der Nacht*, Frankfurt 2011.
Marieke van Vlierden, »De eenhoorns van Sint-Marie«, in: Bulletin van het Rijksmuseum 37 (1989), S. 5–13.

Hilkert Weddige, *Einführung in die germanistische Mediävistik*, 7., durchges. Aufl. München 2008.
Julia Weitbrecht, »Zur Faszinations- und Wissensgeschichte des Einhorns. Mensch-Tier- Beziehungen in historischer Perspektive«, in: Sebastian Barsch (Hg.), *Geschichtsdidaktische Perspektive auf die ›Vormoderne‹*. Fachwissenschaft und Fachdidaktik im Dialog, Kiel 2021, S. 57–69.
Marjolein M. Zijlstra-Mondt, *De zee-eenhoorn in kaart gebracht. Zee-eenhorns in woord en beeld in de middeleeuwen en vroegmoderne tijd*, Diss. Groningen 2017.

Bildnachweise

S. 18: Les licornes von Gustave Moreau, Musée national Gustave Moreau, Paris, 1887, © R. G. Ojeda ; Réunion des musées nationaux

S. 31: Das Bestiarium von York (13. Jh.), M 61, f. 18v, Oxford, © St. John's College. By permission of the President and Fellows of St John's College, Oxford

S. 38: Al-Qazwini-Manuskript, Irak, frühes 15. Jahrhundert, Freer Gallery of Art, © Charles Lang Freer Endowment

S. 42: Koberger Bibel, Inkunabel von 1483, Nürnberg, Forschungsbibliothek Gotha der Universität Erfurt, https://dhb.thulb.uni-jena.de/rsc/viewer/ufb_derivate_00011758/Mon-typ-1483-2-00001_013.tif

S. 43: Die Arche Noah, in: Stimmer, Tobias, Neue Künstliche Figuren Biblischer Historien. Zu Basel bei Thoma Gwarin, Anno 1576. Universitätsbibliothek Basel, UBH BibG C 737, https://doi.org/10.3931/e-rara-431/ Public Domain Mark

S. 44: Dinosaur extinction by asteroid cartoon. Noah's ark cartoon, Cartoon reference number: a080, © Chris Madden

S. 53: Rochester Bestiary (1230–1240), British Library, Royal MS 12 F., fol. 10v, https://bestiary.ca/manuscripts/manu979.htm

S. 54: Tod des Einhorns, Harley 4751, England, (spätes 12./frühes 13. Jh.), fol. 6v, Catalogue of Illuminated Manuscripts/British Library

S. 56: Jagd nach dem Einhorn, Rothschild Canticles (um 1300), MS 404, Beinecke Rare Book and Manuscript Library, Yale, fol. 51 r

S. 59: Lesepulttuch mit Einhornjagd und Hortus conclusus aus dem Benediktinerinnenkloster Ebstorf (4. Viertel 15. Jh.), Bonn Kunst- und Ausstellungshalle der Bundesrepublik Deutschland / Ruhrlandmuseum Essen: Krone und Schleier. Kunst aus Mittelalterlichen Frauenklöstern, München 2005, S. 431

S. 62/63: Klosterbehang Hortus conclusus, Bildteppich, um 1480; Benediktinerinnenkloster St. Agnes, Schaffhausen, Schweizerisches Nationalmuseum, LM-1959

S. 72: Historia. Wilhelm von Österreich. Wilhelm von Orléans. Augsburg: Anton Sorg, 1491, f. 62 r. Berlin, Staatsbibliothek zu Berlin – Preußischer Kulturbesitz, GW12844

S. 77: Elfenbeinkästchen mit Szene aus dem Tristan und der Einhornjagd (zwischen 1330 und 1350), Aust.-Kat. Romance of the Rose: Visions of Love in Illuminated Medieval Manuscripts. The Walters Art Museum, Baltimore. 2009

S. 82: Richard de Fournival, Bestiaire d'amour, Paris (ca. 1260), Sammlung Heribert Tenschert, Antiquariat Bibermühle, fol. 10v–11r (www.heribert-tenschert.com)

S. 86: Siebmacher Einhornfisch. Quelle: https://www.heraldik-wiki.de/wiki/Einhorn_%28Wappentier%29#/media/Datei:Siebmacher_Einhornfisch.jpg

S. 88: Das Einhorn ist gefangen (südl. Niederlande, 1495–1505), 3,68/2,52 m. New York, Metropolitan Museum of Art – The Cloisters

S. 90: Beginn der Jagd (südl. Niederlande, 1495–1505), 3,68/3,15 m). New York, © Metropolitan Museum of Art – The Cloisters

S. 92: Das Einhorn wird getötet und zur Burg gebracht (südl. Niederlande, 1495–1505), 3,68/3,89 m. New York, © Metropolitan Museum of Art – The Cloisters

S. 96: The Unicorn is Found, from The Hunt of the Unicorn (Southern Netherlands, 1495–1505), 3,68/3,79 m. New York, © Metropolitan Museum of Art – The Cloisters

S. 108: Bernhard Breytenbach, Peregrinatio in Terram Sanctam, Main 1486, Thiertafel, ohne Seitenzählung, von Erhard Reuwich

S. 111: Einhornbecher Kaiser Rudolfs II., angefertigt von Jan Vermeyen, 17. Jahrhundert, © Kunsthistorisches Museum, Wien

S. 123: See-Einhorn, aus Jacob van Maerlant, Der naturen bloeme (MS. Nationalbibliothek Den Haag, KW KA 16), fol. 107v (14. Jahrhundert)

S. 142: Rekonstruktion des »Quedlinburger Einhorns« vor der Einhornhöhle in Scharzfeld im Harz, © Tine

S. 147: Spanschachtel mit Einhornpulver, 18. Jahrhundert, © Germanisches Nationalmuseum Nürnberg, Foto: Georg Janßen

S. 151: John Barrow, An Account of Travels into the interior of Southern Africa, in the years 1797 and 1798, London 1801, S. 313

Register

Bernd Roling ist Professor für Mittel- und Neulatein an der Freien Universität Berlin. Zu seinen Forschungsinteressen gehören die Wissenschafts- und Universitätsgeschichte, unter anderem hat er sich mit Drachen und Sirenen in der Frühen Neuzeit beschäftigt.

Julia Weitbrecht ist Professorin für Ältere deutsche Sprache und Literatur an der Universität zu Köln. Sie beschäftigt sich derzeit mit Tieren in der mittelalterlichen Kultur, etwa der religiösen Symbolik des Einhorns und der Bedeutung der Jagd in höfischen Erzählungen.